Walter Pacher

Erziehen ohne Machtkämpfe

HERDER spektrum

Band 5563

Das Buch

Wie können Eltern lernen, sinnvoll und wirksam mit Macht und Freiheit umzugehen? Wie können sie ihre Macht einsetzen, ohne dass es Verlierer gibt? Der bekannte Autor setzt auf Beziehung. Er zeigt, wie Eltern, anstatt zu strafen oder Vorwürfe zu machen, mit dem Kind in konstruktive Auseinandersetzungen gehen können, bei denen es klare Regeln gibt und vor allem gegenseitigen Respekt. Wenn ein Kind aus Erfahrung weiß, dass es keine Vorwürfe anhören muss, dass es nicht immer nur kritisiert wird, wenn es sich verstanden fühlt, dann öffnet es sich der konstruktiven Zusammenarbeit. Aus dem gewöhnlichen Gegeneinander wird ein kooperatives Miteinander. Mit Hilfe einer problemorientierten, vorwurfsfreien Grundeinstellung werden leidige Machtkämpfe überflüssig, weil Eltern lernen, der Macht der Kinder gleichwertige Stärke und Festigkeit entgegenzusetzen, ohne dass einer das Gefühl hat, nicht respektiert zu werden. Eltern lernen, Kinder bei der Problemlösung mit in die Verantwortung einzubeziehen, sie lernen, sich zu öffnen (Ich-Botschaften), sie verstehen, wie man ein Kind in seiner aktuellen Situation oder Not abholt – ohne Türenknallen, Geschrei und Wutausbrüche. – Der Erziehungsratgeber, der Eltern aufatmen lässt.

Der Autor

Walter Pacher, geboren 1925, ist diplomierter Erwachsenenbildner. Diplomabschluss an der Akademie für Erwachsenenbildung in Luzern. Seit 1960 beschäftigt mit Gesprächs- und Menschenführung. Bekannt in Deutschland, Österreich und der Schweiz durch seine Vorträge und die sogenannten Pacher-Kurse. Bei Herder/Spektrum: „Wenn Kinder immer anders wollen" (4118); „Ich will doch nur das Beste für mein Kind" (4119), „Wenn Kinder keine Grenzen kennen" (4494).

Walter Pacher

Erziehen ohne Machtkämpfe

Die Kunst, mit Kindern richtig umzugehen

HERDER
FREIBURG · BASEL · WIEN

Gedruckt auf umweltfreundlichem,
chlorfrei gebleichtem Papier

2. Auflage

Originalausgabe

www.herder.de
Satz: Dtp-Satzservice Peter Huber, Freiburg
Herstellung: fgb · freiburger graphische betriebe 2006
www.fgb.de
Umschlaggestaltung und Konzeption:
R·M·E München / Roland Eschlbeck, Liana Tuchel
ISBN-13: 978-3-451-05563-8
ISBN-10: 3-451-05563-5

Inhalt

Einleitung 7

Kapitel I
Wenn Kinder schwierig sind:
Es gibt immer eine Lösung 9

1. Ärger mit der Schere:
   Sonja und die Löcher in der Wäsche 11
2. Was man mit Steinen alles machen kann 13
3. Luca kann nicht schlafen 14

Kapitel II
Besonderheiten des Problemorientierten
Gesprächs (POG) 17

1. Einige grundsätzliche Überlegungen 19
   a) Eine wichtige Entscheidung 19
   b) Drei Grundbedürfnisse werden zu
      drei Grundproblemen 22
   c) Lösungs- oder problemorientiert –
      Schnelle Lösungen oder Erfassen des Problems . 25
   d) Irrtumsfallen als Stolpersteine
      und ihre Umkehrung ins Positive 29
2. Die einzelnen Schritte 47
   a) Macht ohne Dirigismus 47
   b) Die Bedürfnisleiter vom Vordergründigen
      zum Wesentlichen 49

3. Die Würde des Kindes 69
a) Die sechs Postulate einer wirksamen Erziehung 69
b) (Un)-wirksame Erziehung: Das fremdbestimmte Kind 70
c) Der Spagat: Mensch oder Gegenstand (Subjekt oder Objekt) 72
4. Thema Schuld – Der Zwang zu Beschuldigung und Vergebung 81

Kapitel III
Übung macht den Meister – Anwendung der POG-Methode im Alltag 93

Kapitel IV
Wenn Kinder immer älter werden. Ein besinnlicher Abschluss 143

Glossar 149

Weiterführende Literatur 159

Einleitung

Nach dreißig Jahren Kurstätigkeit und damit nach unzähligen Erlebnissen und Gesprächen mit Müttern, Vätern und ihren Kindern stelle ich im vorliegenden Buch nochmals in Kurzfassung das Wesentliche meiner Idee, meines Erziehungsmodells heraus. In all den Jahren, in denen ich den allmählichen Wandel im gesellschaftlichen und im erzieherischen Alltag beobachtet habe, war ich bemüht, den veränderten Bedingungen in meinem Erziehungsmodell Rechnung zu tragen und die Dinge auch einmal aus einer anderen Perspektive anzuschauen.

Die heutige Kindergeneration ist in gewisser Weise anders als die letzte. Sie lässt sich noch weniger mit autoritären Erziehungsmethoden lenken. Die Jugendlichen setzen sich heute viel schneller mit Gewaltanwendung zur Wehr. Die Brutalität nimmt in beängstigendem Maße zu und so sind auch Eltern zunehmend mit der teils sogar rohen Machtentfaltung ihrer Kinder konfrontiert.

Ich versuche nun, dem kindlichen Griff nach Macht ein ebenso starkes, wie wirksames Gewicht entgegenzusetzen. In der heutigen Situation kann Erziehung nur eine Wirkung haben, wenn man dem Druck des Kindes ein ebenso starkes Gewicht entgegensetzen kann. Aber – und das ist das Wesentliche – es muss eine Macht sein, die nicht in Dirigismus ausartet.

In all diesen Jahren habe ich versucht, einen positiven Umgang mit Macht zu finden, welcher auch in der Erziehungstätigkeit Wirkung zeigt. Es geht mir in meinem Modell nicht lediglich um eine Methode, eine Technik, nein es geht mir um eine bestimmte Grundhaltung meinem Mitmenschen, meinem Kind gegenüber. Diese soll Basis sein für ein besseres gegenseitiges Verstehen. Sich vom andern verstanden zu wissen, gehört zum Fundament im Leben!

Es war mir ein Anliegen, in diesem Buch viele verschiedene Beispiele mit anschließender Erklärung zu bringen. In den Erklärungen finden sich immer wieder kürzere oder längere Theorieblöcke. Ich habe in Kauf genommen, dass es dadurch innerhalb des Buches gelegentlich zu Wiederholungen kommt, denn nur auf diese Weise ist gewährleistet, dass die Teile in sich verständlich bleiben.

Trotz all der zur Verdeutlichung geschilderten Beispiele aus dem familiären Alltag biete ich in diesem Buch keine Sammlung von „Kochrezepten", von konkreten Erziehungsanweisungen, welche dem Kind „verabreicht" werden können. Die vielen Probleme, die mir erzählt wurden, die Eltern mit ihren Kindern hatten, für die wir alle eine Lösung gefunden haben, führen zu einem besseren Verständnis des kindlichen Verhaltens und bieten Schritt für Schritt Entscheidungshilfen!

Auf Grund der vielen Falldarstellungen ist dieses Buch fast ein Lesebuch geworden. Ich wünsche dem Leser in diesem Sinne interessante Lesestunden!

Walter Pacher

Kapitel I

Wenn Kinder schwierig sind: Es gibt immer eine Lösung

Bei meinen Kursen und Vorträgen erzählen mir Mütter und Väter immer wieder von kritischen Situationen mit ihren Kindern. Wir schauen sie an, überlegen, was falsch lief und wie Eltern anders hätten reagieren können. Aus solchen Erfahrungen kann man lernen. Namen und Ort wurden in den Beispielen geändert. Jedoch abgespielt haben sie sich alle.

1. Ärger mit der Schere: Sonja und die Löcher in der Wäsche

Wie Sonja plötzlich beginnt, Bettlaken und Socken zu zerschneiden und wie der Spuk plötzlich wieder verschwindet.

Sonja, 2 ½ Jahre alt, hatte eine große Leidenschaft. Das war ihre Kinderschere. Mit dieser Schere schnitt sie gerne Papierschnipsel. Kaum hatte sie Papier und Schere auf ihrem Schoß, schnitt sie drauf los. So passierte es einmal, dass sie unabsichtlich in ihre Pyjamahose ein Loch schnitt. Ausgerechnet in den teuren Calida Pyjama, den ihr die Großmutter zu Weihnachten geschenkt hatte!

Als die Mutter dieses Unheil entdeckte, war sie außer Rand und Band. Schimpfend riss sie ihrer Tochter die Schere aus der Hand und schrie zornig auf sie ein. Sie konnte sich kaum noch beruhigen. Seit diesem Vorfall schnitt Sonja immer wieder in Kleidungsstücke wie Socken, Pyjama und Bettlaken. Es war zum Verzweifeln. Die Mutter konnte das Verhalten Sonjas einfach nicht verstehen. Alles Strafen, Drohen und alles weitere Schimpfen brachte keinen Erfolg.

In ihrer Verzweiflung besuchte die Mutter einen meiner Erziehungskurse, die ich gerade in der Gegend anbot. Nach und nach wurde ihr das Verhaltensmuster ihrer Tochter verständlich.

Weil Sonja wieder einmal wegen irgend etwas auf ihre Mutter böse war, schnitt sie erneut, wie immer, wenn Mutter kein Zeit für ihre Tochter hatte, ein Loch in das Bettlaken, denn Mama sollte sich genau so ärgern, wie sie. Das war ihre Logik. Die Mutter dachte an die Grundsätze, die sie im Kurs gelernt hatte und entschloss sich, diesmal anders als gewohnt zu reagieren.

Sie nahm Sonja an die Hand und zeigte ihr das Bettlaken mit dem Loch und sagte: „Jetzt ist Mama in einer echten Notlage. Einerseits lasse ich dich gerne mit deiner Schere spielen, denn es ist für dich lustig, mit deiner Schere allerhand zu zerschneiden. Andererseits sind Bettwäsche und Socken zu teuer, um sie einfach so zu zerschneiden." Während des ganzen Gesprächs blieb die Mutter ruhig, sachlich und bestimmt. Sie gab ihrer Tochter zu verstehen, dass sie diese „Schnipselei" nicht akzeptieren könne. Die Kleidungsstücke zu flicken und neue zu kaufen brauche viel Zeit und viel Geld. Dann sei sie eben schlecht aufgelegt und würde schimpfen. Schließlich stellte die Mutter folgende Frage: „Was können wir beide tun, dass du mit deiner Schere spielen kannst und ich mich nicht zu ärgern brauche?" Sonja schwieg und schaute zu Boden. Die Mutter fuhr fort: „Wenn du keinen Vorschlag machen kannst, muss ich handeln. Ich werde jetzt alle Scheren in der Wohnung wegstecken, dann haben wir beide Frieden."

Da schrie Sonja: „NEIN, Mama, NEIN! Ich will meine Schere! Ich will meine Schere": Sie weinte und schlug auf ihre Mutter ein. Doch diese blieb ruhig und drückte Sonja an sich. Gott sei Dank konnte die Mutter ruhig und fest bleiben. Plötzlich geschah das Erstaunliche. Sonja sagte schluchzend zur Mutter: „Mama, bitte, nimm mich in deine Arme". Darauf Mutter: „Ach ja, das mache ich gerne." Sie drückte Sonja nochmals ganz fest an sich. Nach einigen Tagen gab Mutter ihr die Schere zurück und Sonja schnitt nie wieder Löcher in Bettlaken und Socken.

2. Was man mit Steinen alles machen kann

Wie Simon aus einer brüchigen Mauer Steine herausbricht und aus eigenem Antrieb die Steine auf einen sauberen Haufen zusammenschichtet. Ein Beispiel, wie ein Kind nach einem vorwurfsfreien Gespräch einlenkt und die Sache in Ordnung bringen möchte.

Simon, 6 1/2-jährig, kommt wie gewöhnlich leicht verspätet vom Kindergarten nach Hause. Seiner Mutter fällt zwar auf, dass seine Hände heute besonders schmutzig sind, doch sie sieht darüber hinweg.

Am nächsten Tag ruft eine Nachbarin an, sie habe beobachtet, wie Simon von einer 1 Meter hohen Mauer mindestens 15 Steine (je ca. 20–30 cm groß) herausgerissen und auf die Straße geworfen habe. Alle Steine lägen noch immer auf der Straße.

Die Mutter geht darauf sofort zu Frau Schwegler und fragt sie, ob ihr Junge sich an ihrer Mauer zu schaffen gemacht habe. Sie macht ihr den Vorschlag, dass sie gemeinsam mit Simon diesen Schaden wieder in Ordnung bringen würde.

Da kommt Simon auch schon vom Kindergarten.
Auf die Steine angesprochen sagt Simon, er hätte sie nicht herausgerissen. Doch die Nachbarin bestätigt, Simon bei den Steinen beobachtet zu haben. Simon reagiert ganz auf-

gebracht: „Das bin nicht ich gewesen!“ Innerlich setzt Mutter bereits zu einer Rüge an, hält sich dann aber doch zurück und erwidert: „Ich mache dir ja gar keine Vorwürfe. Es ist einfach so: die Steine liegen auf der Straße und das ist gefährlich!“ Erstaunlicherweise geht Simon ohne jeglichen Kommentar daran, die Steine wegzuräumen. Seine Mutter hilft ihm dabei.

Der Gärtner repariert die Mauer und die Eltern bekommen eine Rechnung über 300 Euro. Dies alles hat Simon stark beeindruckt und so entschließt er sich, für Frau Schwegler einen Kuchen zu backen und eine Zeichnung zu malen. Da er die Angelegenheit ja nicht alleine in Ordnung bringen kann, will er auf diese Weise auch einen konkreten Beitrag leisten.

3. Luca kann nicht schlafen

Wie der kleine Luca nicht schlafen kann und schließlich selber für sein Problem eine originelle Lösung findet, die für alle Familienangehörige gut ist.

Luca, 6 1/2-jährig, der Älteste von drei Brüdern, hat Mühe, abends ins Bett zu gehen. Wenn er schließlich im Bett liegt, kann er nicht einschlafen. Er steht dann wieder auf, läuft hinunter zu den Eltern, die nach einem anstrengenden Arbeitstag gerne einen ruhigen Abend genießen möchten. Die Mutter versucht nun mit „AZ“ (aktivem Zuhören), den Grund für Lucas Einschlafschwierigkeiten zu erfahren. Da sprudelt es nur so aus ihm heraus: Er möchte auch groß sein, selber bestimmen dürfen, wann er ins Bett geht, mitreden dürfen und die Eltern mal ganz für sich allein haben. Außerdem gehen ihm im Bett immer noch viele Dinge durch den Kopf, die ihn beschäftigen, ja sogar traurig machen. Er fühlt sich dann nicht wohl und bekommt Angst. Obwohl Lucas Mutter müde ist und sich nach Ruhe sehnt, bemüht sie sich, auf ihn einzugehen und sein Problem zu formulieren: „Als Ältester möchtest du gerne selber bestimmen, wann du müde bist und ins Bett gehen möchtest. Du möchtest Mami und Pappi auch noch ganz für dich haben, wenn die anderen schon im Bett liegen. Doch dann kommt deine Mami und schickt dich mit den jüngeren Geschwistern ins Bett. Und wenn du dann im Bett liegst, kannst du nicht schlafen, weil Gedanken kommen, die dich nicht schlafen lassen." „Ja", sagt Luca und schmiegt sich ganz eng an seine Mutter. „Weißt du, Luca", sagt diese, „einerseits hätte ich gar nichts dagegen, wenn du etwas länger aufbleibst als deine Brüder. Es ist auch wirklich nicht schön, im Bett liegen zu müssen und nicht einschlafen zu können. Andererseits mache ich mir Sorgen, wenn du nicht genug Schlaf bekommst und dann morgens nicht in den Kindergarten gehen magst. Außerdem freue ich mich abends auf die Zeit, die ich entweder mit Pappi allein oder ganz für mich verbringen kann.

Was können wir denn tun, damit du auch mal Mama und Papa ganz allein für dich hast und mit uns allein reden kannst und keine Angst beim Einschlafen hast? Was können wir tun, damit Mama und Papa am Abend auch genug Zeit ganz für sich allein finden, da sie sich ja den ganzen Tag nicht sehen?"

Lucas Vorschlag war, dass seine Eltern mal etwas nur mit ihm allein unternehmen könnten. Außerdem sollte abends das Licht im Korridor noch so lange brennen, bis er eingeschlafen sei. Und wenn er gar nicht einschlafen könne, solle er rufen dürfen. Und so wurde es gemacht. Die Eltern unternehmen jetzt abwechselnd mit jedem einzelnen Kind etwas ganz alleine und Luca hat seither kaum noch Einschlafschwierigkeiten.

Das ganze Geheimnis für dieses willige Einschwenken lag darin, dass der Vorschlag nicht von den Eltern, sondern von Luca selber kam. Hätten die Eltern diesen Vorschlag gemacht, Luca hätte standhaft NEIN gesagt. So aber zeigten die Eltern Geduld, bis Luca seinen Vorschlag formulieren konnte. Diese Geduld hat sich gelohnt.

In meiner Arbeit werde ich immer wieder mit solchen oder ähnlichen Begebenheiten konfrontiert. Wie man zu einem positiven Umgang mit schwierigen Situationen finden kann, versuche ich im nun folgenden TEIL II zu zeigen. Sie lernen dabei, besser zu verstehen, warum sich Kinder – und Eltern – in bestimmten Situationen so und nicht anders verhalten. Sie werden mit Zuversicht und Erleichterung sehen, dass es auch in sehr kritischen Situationen eine Lösung gibt.

Kapitel II

Besonderheiten des Problemorientierten Gesprächs (POG)

1. Einige grundsätzliche Überlegungen

a) Eine wichtige Entscheidung

In der Diskussion um das „richtige" Erziehungsmodell klaffen die Auffassungen oft sehr weit auseinander. Die liberale Ecke baut auf das positive Potential in der kindlichen Seele, will die Kinder ernst nehmen, sie fördern und ihnen das Recht auf ihr eigenes Leben zugestehen.

Doch aus der entgegengesetzten Ecke kommen Warnrufe: Ohne eine gewisse Härte, ohne klare Grenzen ginge es einfach nicht. Mit „Belohnung und Strafe" müsse das Kind lernen, was es zu tun und zu lassen habe. Denn es zeige sich: Die Kinder nutzten ihre Freiheit über Gebühr aus. Heute müssten wir das auslöffeln, was uns die antiautoritäre Erziehung der Nachkriegsjahre eingebrockt hätte, argumentieren sie.

Im riesigen Angebot an Erziehungsliteratur spiegelt sich dieses Spannungsfeld zwischen liberaler und konservativer Grundhaltung wider. Den Eltern aber bleibt die Qual der Wahl.

In der Praxis kommt es im Spannungsfeld zwischen **autoritärem** und **antiautoritärem Stil** immer wieder zur Vermischung dieser beiden Stile. Ich nenne diesen Stil den **semiliberalen Stil**. Ich unterscheide drei Erziehungsstile:

1. Der autoritäre Erziehungsstil

Grundidee des autoritären Erziehungsstils: Durch Kontrolle, Korrektur und Dirigismus lernt der junge Mensch das Gute zu wollen. Jeder Mensch, der wirklich will, kann Gutes tun. Wenn sich ein Kind quer legt, dann will es eben nicht. Dieser Wille muss gebrochen werden. Der Sinn des Lebens wäre demnach: „Moralische Leistung".

2. Der antiautoritäre Erziehungsstil

Grundidee des antiautoritären Erziehungsstils (auch „Laisser-faire Methode" genannt): Vermeiden von Kontrolle, volle Freiheit ist zu akzeptieren, denn jeder Mensch hat seine richtige Lösung in sich. Durch Erfahrung findet das Kind seinen guten Weg selbst. Deshalb ist Dirigismus nicht nötig. Der Sinn des Lebens wäre demnach: „Jeder lebt sein eigenes Leben". Jedes Kind hat die Lösung seiner Probleme in sich. Es hat keine Hilfe nötig.

3. Der semi-liberale Erziehungsstil

Da die beiden Extreme (autoritär und antiautoritär) auf Dauer nicht praktikabel sind, wählen viele Eltern unbewusst eine Mittellösung, eine Mischform, nämlich den „semi-liberalen Erziehungsstil".

Folgende Grundidee schwingt bei diesem Erziehungsstil unbewusst mit: Selbstverwirklichung, so weit als möglich, eigenständige Lebensformen, so weit als möglich, eigene individuelle Lösungen, so weit als möglich, Gewähren von Freiheit, sofern sie vernünftig und richtig gebraucht wird. Richtlinien ja, aber so wenig als möglich. Kontrolle ja, aber nicht einengend. Gut sein, nicht aus Druck, sondern aus Überzeugung.

Die Wendung „so weit als möglich" führt zu Leistungsdruck durch die Hintertüre. Bei genauerem Hinsehen erkennt man: Wenn ein Mensch die Unterscheidung zwischen Annahme und Dirigismus nicht kennt, rutscht er unweigerlich in den semi-liberalen Erziehungsstil hinein.

Nun ist es aber schlechtweg nicht möglich, aus zwei falschen Dingen etwas Richtiges zu mischen. Denn wende ich Macht an, dann mache ich das gleiche, wie die Kinder, welche ihrerseits auch ohne Hemmungen Macht anwenden – der bekannte tägliche Machtkampf! Dabei werde ich zum Verlierer. Neige ich hingegen zur Laisser-faire Methode, gebe ich nach, bin ich großzügig, dann nehmen sich die Kinder immer mehr Freiheiten und Frechheiten heraus und ich fühle mich ebenfalls als ständiger Verlierer.

Sind Eltern nun wirklich dazu verurteilt, immer zwischen diesen beiden Extremen hin- und her geworfen zu sein? Gibt es da überhaupt keinen gangbaren Weg? Doch!

Meine Antwort, mein Lösungsansatz ist die **POG-Methode**.

4. Die POG-Methode

(Problem-Orientiertes-Gespräch)

Die Grundidee der POG-Methode: Machtanwendung ist dann nicht diktatorisch, wenn ich dem Kind meine „Notsituation" erkläre, wenn ich das Kind bitte, mit mir einen Weg zu suchen, um keine Macht anwenden zu müssen.

POG-Methode auf den Punkt gebracht:

1. **Mut zur starken Ich-Botschaft (Meine Notsituation)**
2. **Mut zum Blockieren (Passive Macht)**
3. **Mut zum „Gespräch danach" (Blockieren ist Angebot zum Gespräch)**

b) Drei Grundbedürfnisse werden zu drei Grundproblemen

1. Das Grundbedürfnis Freiheit

Freiheit ist ein großes Wort. Jeder Mensch will frei sein. Besonders Kinder drängen nach Freiheit. Doch wie sicher können Kinder mit Freiheit umgehen? Ein Kind, ja jeder Mensch, nimmt sehr viel Beschwerlichkeit für seine persönliche Freiheit auf sich. Ein Kind verzichtet auf Essen, erduldet Strafe, ja es lügt sogar für seine Freiheit. Wie sollen Eltern damit umgehen?

Denn: Einerseits sind Eltern bereit, ihrem Kind die nötige Freiheit und Selbständigkeit zu gewähren. Es ist ihnen klar, als einem Individuum mit einem freien Willen steht dem Kind ein Recht auf seine persönliche Freiheit existentiell zu. Andererseits sind Kinder oft nicht in der Lage, die Tragweite ihres Handelns abzuschätzen. Wo aber liegt die Grenze zwischen verantwortungsbewusster Führung und Missbrauch elterlicher Macht? Wie stelle ich mich persönlich zu Strafe, zu Verboten, zu Entzug von Taschengeld etc., kurz: wie stelle ich mich zu Entzug von Freiheit?

In einem Familienklima der persönlichen Verantwortung und Toleranz wächst ein Kind automatisch in den richtigen Gebrauch seiner Freiheit hinein. Es lernt, mit Freiheit positiv umzugehen. Denn in einem Familienklima von Vertrauen und Verantwortung lernt das Kind von selbst, dass jede Freiheit seine Grenzen hat. Denn meine Freiheit endet dort, wo die des Andern beginnt. Es gilt nun, auch für das Kind, diese Trennlinie zu finden und anzuerkennen.

Freiheit und Macht sind wohl die schwierigsten Gegensätze mit denen sich auch Kinder auseinandersetzen müssen, um später als Erwachsene in eigener Verantwortung ein Leben in Freiheit meistern zu können.

Schlussfolgerung

Fühlt sich ein Kind ständig kontrolliert und eingeengt, wird ihm also seine persönliche Freiheit nicht zugestanden, reagiert es entweder mit passivem Widerstand oder mit übermässigem Freiheitszwang. Das Kind gewöhnt sich daran, sich seine Freiheit mit Macht zu holen. So wird sein legitimes Bedürfnis zu seinem Grundproblem.

Grundproblem 1: Freiheit durch Macht

2. Das Grundbedürfnis Gerechtigkeit

Der Mensch ist bereit, viel Zeit und Geld einzusetzen, um zu seinem Recht zu kommen. Auch ein Kind hat ein starkes Bedürfnis, nicht ungerecht behandelt oder gar beschuldigt zu werden. Nun hört keiner das Wort Schuld gerne. Wir alle sind aber täglich, ja stündlich von dem Gespenst der Beschuldigung umgeben und wir möchten unseren Kindern gegenüber doch gerecht sein! Dennoch ist gerade dieser starke Gerechtigkeitsanspruch wiederum Anlass für neue gegenseitige Beschuldigungen. In einem Familienklima von Verstehen und Vergeben lernt ein Kind jedoch, mit Ungerechtigkeit positiv umzugehen.

Am schlimmsten ist wohl das Gefühl, ungerecht beschuldigt zu werden. Kinder sagen sehr schnell: „Ich bin nicht schuld!", „der andere ist schuld!" „Mama ist schuld" etc. Wie gehen wir Eltern damit um?

Schlussfolgerung

Fühlt sich ein Kind in der Familie unverstanden, nicht ernst genommen, oder fühlt es sich sozusagen im Wege stehend, dann sucht es sich selber wiederum ein Opfer, einen Schuldigen. Das Kind entwickelt einen Beschuldigungszwang für alles und jeden. Es entsteht ein Zwang zum Rächen. So wird sein legitimes Grundbedürfnis nach Gerechtigkeit zu seinem Grundproblem. Das Gefühl, ungerecht behandelt zu werden, bewirkt unablässiges Beschuldigen.

Grundproblem 2: Gerechtigkeit durch Beschuldigen

3. Das Grundbedürfnis Annahme

Das stärkste Bedürfnis jedes Kindes ist wohl, sich bedingungslos angenommen und verstanden zu wissen. Ein Kind tut die unglaublichsten Dinge, um von seinen Eltern beachtet, geachtet und ernst genommen zu werden. Erhält es keine positive Zuwendung, nimmt es in Kauf, von den Eltern „negativ" beachtet, d. h. bestraft zu werden. In einem Klima von Sicherheit und Geborgenheit kann ein Kind von seinen Nöten reden, ohne in ständiger Angst leben zu müssen, es werde von den Eltern getadelt oder gar fallen gelassen. In einem Klima der Geborgenheit kann das Kind seelisch erstarken und sich später in der Welt bewähren.

Schlussfolgerung

Ein Kind spürt sehr schnell, ob seine Erzieher das Kind um seiner selbst willen lieben, oder nur seiner Leistung wegen. In einer Umgebung ständigen moralischen Drucks reagiert das Kind entweder mit völliger Entmutigung oder mit übermäßigem Leistungszwang und Perfektionismus. So wird sein legitimes Grundbedürfnis nach Annahme zu seinem

Grundproblem 3: Annahme nur bei Leistung

Gesamte Schlussfolgerung

Wenn ein Kind diese drei Grundbedürfnisse nicht zu einem genügenden Grad abdecken kann, wird es unwillig, kratzbürstig, unausstehlich, entmutigt oder aggressiv. Dann versucht es auf Umwegen zur Erfüllung dieser Bedürfnisse zu kommen. Dann beginnt es z. B. zu lügen, oder zu stehlen. Und so werden seine drei Grundbedürfnisse zu seinen **drei Grundproblememen**, nämlich:

1. **Freiheit durch Macht**
2. **Gerechtigkeit durch Beschuldigen**
3. **Annahme durch Leistung**

Es gilt nun durch „aktives Zuhören" schrittweise von den vordergründigen Äußerungen des Kindes zu seinem eigentlichen Grundproblem vorzustoßen.

c) Lösungs- oder problemorientiert – Schnelle Lösungen oder Erfassen des Problems

Von Natur aus ist der Mensch lösungsorientiert. Tritt eine Schwierigkeit auf, sucht jeder Mensch instinktiv eine möglichst schnelle Lösung. Sehr oft aber bringen solcherart gefundene Lösungen nicht den erhofften Erfolg. Grund? Man kennt die Problemstellung nicht und deshalb stimmt auch die Lösung nicht.

Üblicherweise gebraucht man die Begriffe „Problem" und „Schwierigkeit" synonym. Wenn jemand in Schwierigkeiten gerät, sagt man, er habe ein „Problem". Ich unterscheide bei familiären Konfliktsituationen zwischen „Schwierigkeit“ und „Problem“. Unter „Schwierigkeit“ verstehe ich das Sammelsurium unangenehmer Situationen, aus denen man nicht heraus zu kommen scheint. Hingegen verwende ich das Wort „Problem“ ausschließlich in Situationen, in denen sich die Betreffenden, seien es Eltern oder Kinder, in einem ganz typischen Zwiespalt befinden, der ins Bewusstsein gebracht werden muss. Wer ein Problem in diesem Sinne hat, fühlt sich hin- und hergerissen zwischen zwei Impulsen oder Bedürfnissen, zwischen

„einerseits / andererseits“.

Es ist ein wesentlicher Schritt beim Umgang mit Problemen in diesem Verständnis, dieses „einerseits / andererseits“ klar herauszuarbeiten. So kommen wir zu einer wichtigen Entscheidungshilfe für Kind und Eltern. Die unbewussten Bedürfnisse und Ziele kommen auf diese Weise deutlich zum Vorschein. Einfaches Beispiel: Bruno hat Schwierigkeiten mit den Schulaufgaben. Vater muss ihm immer dabei helfen. Jeden Tag die ähnlichen, unliebsamen Gespräche. Vater: „Mach jetzt endlich die Schulaufgaben!“ Bruno: „Ja, ich bin ja dran.“ Nach 15 Minuten Vater: „Bist du bald fertig?“ Bruno: „Nein, ich verstehe die Aufgabe nicht.“ Vater: „Aber der Lehrer hat euch das doch erklärt.“ „Ja, schon, aber ich habe es wieder vergessen.“ Nach weiteren 15 Minuten Vater: „Du hast ja erst die Hälfte gemacht.“ Bruno: „Ich weiß jetzt nicht mehr weiter.“ Vater, nach einem tiefen Stoßseufzer: „Also gut, ich helfe dir jetzt noch einmal.“

Vater vermutet, dass die Aufgaben für Bruno zu schwierig sind. Aber das ist ein Irrtum. In Wirklichkeit haben die beiden nur unterschiedliche Ziele. In den täglichen Gesprächen prallen diese beiden Ziele immer wieder aufeinander, ohne dass die beiden wissen, was eigentlich abläuft. Vater überlegt sich immer und immer wieder, wie er Bruno dazu bringen kann, die Aufgaben alleine zu machen. Er weiß keine Lösung.

Dem Sohn hingegen stellt sich – meist ganz unbewusst – eine ganz andere Frage: „Wie muss ich mich verhalten, damit mir Papa auch weiterhin bei den Aufgaben hilft." Seine Lösung? Er produziert hausgemachte „Schwierigkeiten". Diese sind verkappte Blockierungen für ein ganz bestimmtes Ziel. In unserem Fall heißt das Ziel von Bruno: Vater muss mir bei den Schulaufgaben helfen.

Solange die Bedürfnisse von Vater und Sohn in dieser Weise auseinander klaffen und – vor allem – solange die Problemstellungen nicht angesprochen werden, wird eine sinnvolle Lösung nicht möglich sein. Solche Gespräche werden wirkungslos bleiben.

Um zu einer brauchbaren Lösung zu kommen, müssen zuerst die Problemstellungen der beiden Kontrahenten geklärt werden. Die lauten in diesem Fall folgendermaßen.

Problem des Vaters:

→ *Einerseits* hilft er seinem Sohn gerne,

← *andererseits* muss dieser doch lernen, selbständig zu werden.

→ *Einerseits* will er Bruno nicht immer drangsalieren und kontrollieren,

← *andererseits* fühlt er sich für die Schulaufgaben mitverantwortlich.

Problem Brunos:

- *Einerseits* weiß er, dass die Aufgaben gemacht werden müssen,
- *andererseits* will er sich möglichst nicht unnötig anstrengen, denn Vater weiß ja die Lösungen.

Bruno überlegt sich also, wie er Vater dazu bringen kann, ihm auch weiterhin bei den Aufgaben zu helfen. Seine Lösung heißt: Schwierigkeiten einbauen.

Die Problemdefinition mit „einerseits/andererseits" hat folgende Vorteile:

1) Ich kann einen Satz positiv beginnen.
2) Ich kann zwischen „seinem" und „meinem" Problem unterscheiden.
3) Ich kann das Gespräch vorwurfsfrei beenden.
4) Kind und Eltern kommen leichter zu einer gemeinsamen Entscheidung.

Durch solche Gespräche lernen Kind und Eltern sich zwischen zwei oder mehreren Lösungsmöglichkeiten zu entscheiden.

Jedem sein eigenes Problem

Noch ein zweites ist zu beachten: Man redet gewöhnlich nur von einem Problem, nämlich von der Spannung zwischen Eltern und Kind. In Wirklichkeit haben aber beide Parteien je ihr eigenes Problem. Beide befinden sich in ihrer eigenen Zwickmühle und stehen unter dem Zwang, sich entscheiden zu müssen.

Je klarer nun die Probleme beider Parteien erkannt werden, desto schneller ist eine sinnvolle Lösung möglich. Es gilt also, beide Probleme, die des Kindes und die der Eltern mit „einerseits/andererseits" herauszuschälen und einander gegenüber zu stellen.

Regel zur Problemorientiertheit:

Je besser die Probleme
beider Parteien erfasst sind,
desto eher finden sie gemeinsam
eine sinnvolle Lösung.

d) Irrtumsfallen als Stolpersteine und ihre Umkehrung ins Positive

Eltern fragen sich oft, warum ihre Erziehung oft so unwirksam ist. Immer wieder passiert es, dass man eine kritische Situation falsch einschätzt, denn Kinder haben eine ganz andere Logik als wir Erwachsene. Doch zu gerne und zu schnell gehen wir von der Überzeugung aus: „Ich habe recht, meine Sicht der Dinge stimmt!" Bei näherem Hinsehen aber stellt sich häufig heraus, dass der Sachverhalt in einer bestimmten Situation ein ganz anderer ist. In der Folge erleben wir dann schmerzlich: Die gutgemeinten Erziehungsversuche waren wieder einmal umsonst.

Grundsätzlich stehen Eltern vor folgender Situation: Auf der einen Seite versucht das Kind, aus seinem Blickwinkel heraus Mittel und Wege zu finden, um das tun zu können, was es im Moment gerne möchte. Die Eltern aber haben einen ganz anderen Blickwinkel, und so kommen sie zu einer unterschiedlichen Beurteilung der Situation und daher zu ganz anderen Schlussfolgerungen als ihr Kind. Die Probleme, die sich aus der unterschiedlichen Beurteilung einer Situation ergeben, nenne ich Irrtumsfallen. Wenn ich auf diese „Fallen“ gefasst bin und wenn ich weiß, wie ich in bestimmten Situationen reagieren soll, wird meine Erziehung wirksamer.

Hier die wichtigsten **Irrtumsfallen**, die unseren Erziehungserfolg schmälern:

- **Irrtumsfalle eins** ist die Meinung,
  der kürzeste Weg sei auch der schnellste.
- **Irrtumsfalle zwei** ist die Meinung,
  das Kind müsse sich ändern.
- **Irrtumsfalle drei** ist die Meinung,
  man müsse für das Kind Lösungen suchen.
- **Irrtumsfalle vier** ist die Meinung,
  Macht müsse man mit aktiver Machtanwendung bekämpfen.

Normalerweise will jeder Mensch, jedes Kind, auf dem kürzesten Weg von „A“ nach „B“ kommen.

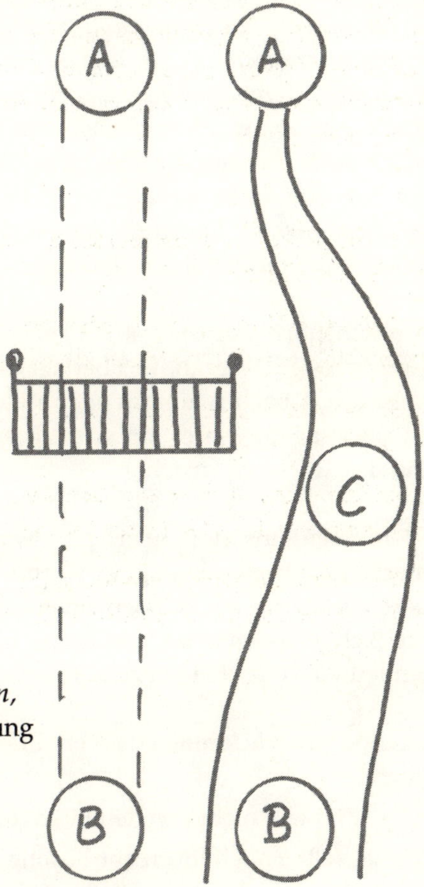

Start: „A“

Nun ist der direkte Weg blockiert, was bedeutet: „Ich will nicht fremdbestimmt sein!“

Entweder kann man sich jetzt mit der Blockade herumschlagen

oder den Umweg über

„C“ nach „B“ gehen, d.h. über Zuwendung und Verstehen.

Ziel „B“

Der kürzeste Weg ist nicht immer der schnellste

Irrtumsfalle 1: Der kürzeste Weg sei auch der schnellste

Eltern sind vielen alltäglichen „Zwängen" unterworfen. Damit der „Laden" zu Hause läuft, müssen oft vor allem Mütter organisatorisch einiges leisten. Es ist daher nicht verwunderlich, wenn die Eltern anstehende Probleme möglichst schnell und direkt lösen wollen. Außerdem sollte es doch endlich auch mal möglich sein, dass die Kinder einfach machen, was von ihnen verlangt wird! Die Kinder widersetzen sich allem oder sie finden die Lösungsvorschläge der Eltern schlicht blöd! Pattsituation! Blockade!

Natürlich, normalerweise strebt jeder Mensch sein Ziel auf dem kürzesten Weg an. Er überlegt sich, wie er möglichst direkt von A nach B kommt oder auf die Erziehungssituation übertragen, wie er am schnellsten erreicht, dass sein Kind das „Richtige" macht.

Wir müssen uns nun überlegen, warum das Kind den „elterlichen Weg" verweigert, warum es diesen Weg blockiert. Ich meine, wir müssen einen Umweg über die kindliche Sichtweise machen, um hernach den Erfolg versprechenden Weg einschlagen zu können.

Folgende Gründe können das Verhalten des Kindes steuern:

- Das Kind will nicht von den Eltern ferngesteuert werden.
- Es hat selber auch Ideen zur Lösung des Problems.
- Es will bei den Eltern Beachtung finden.
- Es will mit den Eltern etwas unternehmen.
- Es ist eifersüchtig.

Das Kind erlebt aber immer wieder Folgendes:

I. Wenn ich gut funktioniere, denken Mami und Papi überhaupt nicht an mich.

II. Wenn ich funktioniere wie geschmiert und deshalb nicht beachtet werde, muss ich mir halt Beachtung verschaffen.

III. Beachtung verschaffe ich mir, indem ich „blockiere". Mami und Papi sind dann gezwungen, sich mit mir zu beschäftigen, und das finde ich schön!

Das Kind hat den direkten Weg blockiert und ist unzugänglich geworden. Es hat mit seinem störrischen Verhalten sein Ziel erreicht.

Schlussfolgerung

> Wir sind gezwungen, uns für einen Umweg zu entscheiden.
>
> Umweg bedeutet nicht, dem Kind nachzugeben, mein Ziel als Mutter, als Vater aufzugeben.
>
> Solange ich aber versuche, auf dem direkten Weg mein Ziel zu erreichen, solange werde ich keinen Erfolg haben. Dasselbe auch umgekehrt: Solange das Kind mit seinem Blockieren Erfolg hat, wird es bei seinem Verhalten bleiben. Beide Fronten verhärten sich. Die Machtspirale beginnt sich zu drehen!

Positive Umkehrung

Deshalb drehe ich die Sache um: Für einmal beharre ich nicht auf dem kürzesten Weg und mache mich auf den Umweg über die Bedürfnisse des Kindes und versuche danach herauszufinden, welches sein Grundproblem sein könnte.

Erst wenn ich dieses erfasst habe, werden sinnvolle Lösungen möglich. Das Kind fühlt sich in seiner schwierigen Situation verstanden und wird darum bereit sein, sein Verhalten zu ändern.

Ein Beispiel: Doris und der Besuch

Ich komme auf Besuch zum Abendessen. Bis das Essen fertig ist, unterhalte ich mich mit dem Herrn des Hauses im Salon. Da kommt die 7-jährige Doris, klettert auf den Schoß von Papa und jammert: „Mir ist sooo langweilig." Papa, stets hilfsbereit, sagt: „Hol dir doch ein Buch zum Lesen." Doris: „Ich weiß doch nicht welches." Papa: „Das Bilderbuch vom Teddybär." Doris: „Das habe ich schon gelesen." Papa: „Dann nimm Alice im Wunderland, das ist schön." Doris: „Das habe ich schon im Fernsehen gesehen." Papa: „Dann höre doch eine Kassette mit Märchen." Doris: „Aber ich weiß nicht, wie man eine Kassette einlegt." Papa: „Aber das hast du doch schon oft gemacht." Doris: „Ja schon, aber jetzt weiß ich es nicht." Papa, knapp vor dem Verzweifeln: „Aber was willst du dann?"

Doris beginnt zu heulen und jammert mit zwingender Beharrlichkeit: „Mir ist langweilig, mir ist sooo langweilig!" Doris schleicht in die Küche und hängt sich jammernd an die Mutter. Diese aber hat keine Ahnung, was das alles soll, und denkt bei sich: Unsere Doris ist oft so schwer zu verstehen. Und Papa wendet sich zu mir als Besucher und seufzt achselzuckend: „Wie kann man eine solch verdrehte Logik verstehen?"

Die **Irrtumsfalle** besteht darin, dass der Vater vermutet, Doris sei es wirklich langweilig und deshalb suche sie nach mancherlei Abwechslung. Doch Doris ist mitnichten langweilig, sondern ich als Besucher bin der Stein des Anstoßes. Ich bin der Eindringling. Ich habe ihr den Papi weggenommen. Anstatt mit Doris zu spielen, redet Papa mit einem wildfremden Menschen unverständliche Dinge. Doris sagt zwar: „Mir ist langweilig", aber sie meint: „Der fremde Mann muss weg!" Sie bringt ihren Papi soweit, dass er mich als Besuch links liegen lassen und stattdessen mit ihr reden muss. Die Lösungsvorschläge des Vaters gehen völlig am Ziel vorbei und er hat nicht verstanden, was sie wirklich will.

Doris sucht keine Lösung für ihre Langeweile, sondern sie manipuliert ihren Vater so, dass er mit mir als Besucher nicht reden kann. Sie zwingt ihn, sich mit ihr zu beschäftigen und ich, der Eindringling, sitze ein bisschen verlegen da. Der Umweg über ein kurzes Gespräch (Bedürfnis des Kindes) wäre der schnellere Weg gewesen!

Papa könnte z. B. sagen: „Du bist eifersüchtig auf den fremden Mann. Du möchtest mit mir spielen. Wie aber soll ich gleichzeitig mit dir spielen und mit dem Besuch reden?" Mit dieser Frage konfrontiert der Vater seine Tochter mit ihrem gemeinsamen Problem.

Irrtumsfalle 2: Das Kind müsse sich ändern

Oft scheint es bei Meinungsverschiedenheiten mit Kindern (Zähne putzen, Hausaufgaben, im Haushalt helfen) klar zu sein, dass das Kind im Unrecht und die Eltern im Recht sind. Deshalb finden Eltern es richtig, das Kind nach ihren Vorstellungen zu formen, und zwar nach der Formel: Vernünftige Forderung → das Kind muss sich ändern!

Weil das Kind oft aber genau so felsenfest von seiner Sicht der Dinge überzeugt ist, ist eine Auseinandersetzung vorprogrammiert. Das Kind empfindet die elterlichen Steuerungsversuche als massiven Eingriff in seine Selbstbestimmung und so nützen die bestgemeinten Überzeugungskünste der Eltern in gewissen Situationen rein gar nichts!

Das Kind fühlt sich „behandelt", es ist auf diese Weise zum „Objekt" elterlicher Maßnahmen geworden. Die Werkzeuge heißen in diesem Fall: Loben – tadeln, belohnen – strafen etc.

Gegen diese Maßnahmen sträubt sich das Kind mit allen Mitteln. Es bleibt verstockt und die Eltern konsequent. Weil keine Partei von ihrer eigenen Position abrückt, gibt es am Schluss auch noch einen Machtkampf!

Schlussfolgerung

> Wenn also die Situation solchermaßen festgefahren ist, stellt sich die Frage nach einer veränderten „Strategie". Solange ich meine, ich müsse mein Kind zu seinem Wohle ändern, solange werde ich in meiner Erziehung keinen Erfolg ernten können.
>
> Will ich Erfolg haben, dann muss ich mich umsehen und eine andere Strategie wählen. Es geht nun um die Frage: Wenn ich mein Kind nicht ändern kann, wie kann ich trotzdem Einfluss auf mein Kind ausüben?

Positive Umkehrung

Darum drehe ich die Sache um: Ich werde **mein** Verhalten ändern. Wenn ich mein Verhalten ändere, wird das Kind auf die veränderte Situation reagieren und sein Verhalten entsprechend anpassen.

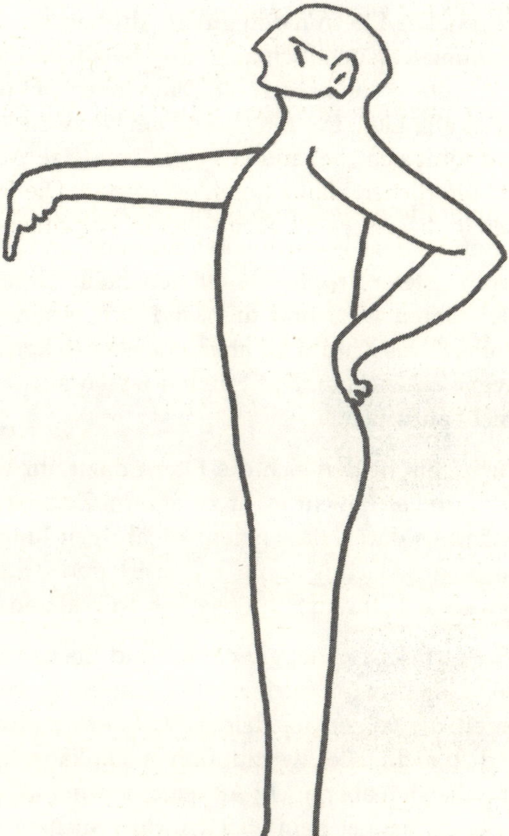

Ich habe recht

Ein Beispiel: Der Schulrucksack

Immer wieder bleibt der Schulrucksack im halbdunklen Gang liegen. Die Eltern reden gut zu, drohen, strafen, aber die Erziehungsversuche schlagen meistens fehl. Zwischendurch ein Anflug von Besserung. Dann loben sie! Bald aber wieder das alte Lied. Die Eltern sind am Verzweifeln!

Die **Irrtumsfalle** besteht nun darin, dass die Eltern immer wieder hoffen, dass konsequentes Zureden und Tadeln im Sinne vom „steter Tropfen höhlt den Stein" irgendwann zum Ziel führen wird und das Kind sich bestimmt eines Tages ändert. Das Kind wird aber eine ebenso konsequente Gegenwehr entwickeln. Die Fronten lassen sich auf diese Weise nicht aufweichen.

Schließlich entscheiden sich die Eltern dazu, ihr Verhalten zu ändern und sich nicht mehr zu ärgern. Zweitens zeigen sie Verständnis dafür, dass einem 10-jährigen Jungen Ordnung nicht das Wichtigste im Leben ist und drittens entschließen sie sich, ihrem Sohn feierlich zu erklären:

„Dein Schulrucksack, deine Schuhe und Socken im halbdunklen Gang bringen mich ständig zum Stolpern. Ich bin nicht bereit, die Folgen aus deinem Verhalten zu tragen. Ich zwinge dich nicht, alles wegzuräumen. Du kannst machen, was du willst. Ich aber auch! Ab heute kommt alles in eine Kiste und du kannst deine Sachen dort suchen! Ich werde also so lange blockieren, bis wir uns in gegenseitigem Einverständnis zu einer gemeinsamen Lösung gefunden haben."

In meinem Modell spreche ich, in Anlehnung an Rudolf Dreikurs, nicht von Strafe, sondern von „logischer Folge".

„Ironische Zwischenbemerkung"

Jeder Mensch hat die einzig richtige Überzeugung einer Sache. Denn wäre seine Überzeugung nicht richtig, hätte er sie nicht. Dieser Beweis gibt dem Menschen das moralische Recht, seine Mitmenschen zu seiner Überzeugung zu zwingen!

Auf die Erziehung übertragen:
Die Eltern haben immer die einzig richtige Überzeugung einer Sache. Denn wäre ihre Überzeugung nicht wahr, hätten die Eltern sie nicht. Das gibt den Eltern das moralische Recht, ihr Kind zu ihrer Überzeugung zu zwingen.

Irrtumsfalle 3: Die Eltern müssten Lösungen anbieten

Eltern denken oft, es sei ihre erzieherische Aufgabe, dem Kind die richtigen Lösungen anzubieten. Das ist durchaus verständlich. Viele Eltern sind aber „allzeit bereit", bei der Lösungssuche helfend einzuspringen und zwar bei so alltäglichen Dingen wie Schuhe binden, sich selber anziehen, pünktlich aufstehen, Butterbrot streichen, Tee einschenken und vieles mehr. Auf diese Art bevormunden Eltern ihre Kinder oft bis zur Lebensunfähigkeit.

Außerdem denken viele Eltern, die Kinder seien an Lösungen interessiert. Das stimmt sehr oft nicht! Im Gegenteil! – Kinder sind an Problemen interessiert. Warum? So müssen sich die Eltern mit den Kindern abgeben. Nach dem Motto:

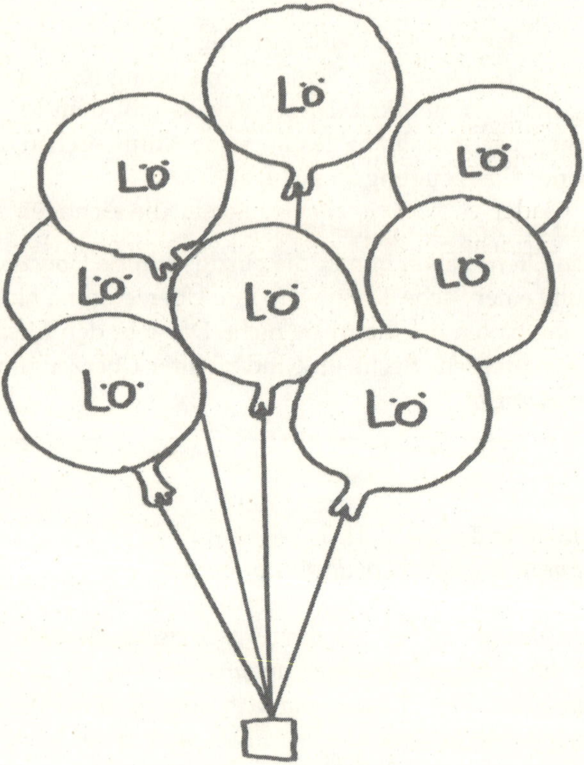

Lösungen, Lösungen,
Lösungen, Lösungen,
nur nicht die richtige.

Mama muss sich mit mir beschäftigen. Wenn schon nicht positiv, dann eben negativ. So wird Mutter zum Dienstmädchen ihrer eigenen Kinder. Mutter wird zur Lösungsmaschine für die ganze Familie. Denn Kinder sind Meister darin, Probleme zu erfinden, damit sich die Eltern mit ihren Zöglingen beschäftigen müssen. Vor lauter Problemen kommt man aber nicht zu Lösungen.

Die Kinder entwickeln die Fähigkeit, die richtigen Probleme zur richtigen Zeit zu haben. Kinder denken: Wie langweilig wäre das Leben ohne Probleme! Probleme machen das Leben erst richtig interessant. Gäbe es keine Probleme, dann wäre die Welt eintönig und unausstehlich langweilig.

Schlussfolgerung

> Wenn also die Probleme von den Kindern hausgemacht sind, ist es sinnlos, diese beseitigen zu wollen. Erfundene Kinderprobleme sind das Bedürfnis der Kinder, mit den Eltern ins Gespräch zu kommen.

Positive Umkehrung

Deshalb drehe ich um: Anstatt Probleme zu meiden, gehe ich mit dem Kind auf die Suche nach dem eigentlichen Problem, welches der aktuellen Situation zu Grunde liegt.

Ich verstehe in diesem Zusammenhang unter PROBLEM nicht generell irgend eine Schwierigkeit, sondern speziell die Situation, in der ich mich mindestens zwischen zwei Möglichkeiten entscheiden muss. Die Notwendigkeit zu einer Entscheidung ist das PROBLEM. Denn eine Möglichkeit wählen heißt eine andere ausschließen. So gebraucht, sind Problemdefinitionen für das Kind echte Entscheidungshilfen. Um dieses Problem tiefer zu ergründen, verwende ich die Wendung:

„einerseits / andererseits".

Diese Wendung hat folgende Vorteile:

- Man kann positiv beginnen und positiv weiterfahren.
- Es ist die einzige Möglichkeit, Vorwürfe zu vermeiden.
- Es sind echte, wirksame Entscheidungshilfen für das Kind.
- Es gibt keine zermürbende, unpassende Lösungssuche.
- Es gilt: zuerst „Problemfindung", dann „Lösungsfindung".
- Je klarer die Problemstellung, desto schneller die richtige Lösung.
- Das Kind erkennt sein eigenes Problem und findet selber eine Lösung.

Ein Beispiel: Die nassen Höschen von Regina.

Regina, 5-jährig, geht regelmäßig eine Sekunde zu spät aufs Klo. Die Mutter muss bis zu zehnmal am Tag die nassen Höschen wechseln. Sie versucht, dem zu begegnen, indem sie lobt, tadelt oder den Arzt befragt. Sie macht Regina endlose Vorschläge. Nichts nützt. Die Höschen sind immer wieder nass. Die Mutter geht davon aus, dass Regina noch zu jung ist, um trocken zu bleiben, Regina habe eine schwache Blase, sie sei noch zu verträumt.

In Wirklichkeit geht sie aber nicht deshalb die halbe Sekunde zu spät aufs Klo, weil sie anscheinend noch etwas fertig machen muss. Sondern Regina denkt: „Es ist so schön, wenn Mama sich mit mir beschäftigt, wenn ich mich an Mama anlehnen kann und sie mir trockene und warme Höschen anzieht. Das Trockenföhnen ist so schön warm." Und Regina denkt: „Jede Stunde wieder habe ich das gern." Regina erreicht stündlich ihr Ziel.

Die **Irrtumsfalle** bedeutet hier also: Regina braucht nicht etwa deshalb zehn Höschen pro Tag, weil sie eine schwache Blase hätte, sondern um ihre Streicheleinheiten von Mama zu bekommen (natürlich unbewusst). Solange Mutter zwar schimpft, aber immer wieder die Höschen wechselt, kommt Regina stündlich zu ihrem Glücksgefühl. Regina wird diesen Status beibehalten und die Mutter wird Lösung um Lösung anbieten, aber zu keinem Erfolg kommen.

Anstatt noch weiter nach Lösungen zu suchen, sagt Mama nun z. B. zu Regina: „Du bist jetzt schon so groß, dass du selber entscheiden kannst, ob du ins Höschen machen willst oder nicht. Deshalb übergebe ich dir hiermit feierlich die Verantwortung für deine nassen / trockenen Höschen. Pro Tag gebe ich dir zwei trockene Höschen. Eines für den Vormittag, eines für den Nachmittag."

Irrtumsfalle 4: Macht müsse man mit aktiver Machtanwendung bekämpfen.

Kinder sind Weltmeister in der Disziplin „Machtkampf". Die Eltern lassen sich oft auf Machtspiele ein und bauen ihrerseits eine Macht (Gegenmacht) auf. Sie strafen. Strafen aber zwingt entweder zur Anpassung oder zu Widerstand und erzeugt zudem noch Schuldgefühle. Übrigens, auch Loben kann falsche Abhängigkeit erzeugen.

Schlussfolgerung

Man kann den Teufel nicht mit dem Beelzebub austreiben. Kinder wenden rigoros Macht an und wenn die Eltern ihrerseits mit Machtentfaltung auf sie reagieren, wird nur der Druck auf beiden Seiten verstärkt (Machtspirale). Man kann Macht nicht mit Gegenmacht bekämpfen. Ein solcher Machtkampf führt nur zu Verlierern auf beiden Seiten.

Positive Umkehrung

Ich drehe deshalb um: Ich bekämpfe „aktive Macht" mit „passiver Macht". Es ist die Macht eines Gandhi und eines Martin Luther King. Diese Grundhaltung kommt in der „POG-Methode" zum Tragen. Ich setze zwar dem Angreifer eine gleich starke Macht entgegen, welche den Angriff blockiert, aber ich blockiere mit **„Passiver Macht"**.

Ein Beispiel: Der verhinderte Mittagseinkauf

Die Mutter geht mit dem 3-jährigen Hannes einkaufen. Plötzlich rutscht er durch einen Haufen Herbstlaub und beginnt zu spielen. Sie ruft, doch Hannes setzt sich auf den Boden ins Laub und geht keinen Schritt mehr weiter. Mutter ruft wieder: „Komm jetzt!" – Nichts. Sie ruft, ein drittes Mal. – Keine Reaktion. Schließlich geht Mutter zu Hannes, nimmt ihn bei der Hand und reißt ihn hoch. Hannes geht einige Meter mit Gebrüll. Dann lässt er sich wieder fallen. Schließlich geht sie einfach weiter und schleift das Kind halb laufend, halb auf den Knien rutschend bis zum Einkaufszentrum.

Aktive Macht

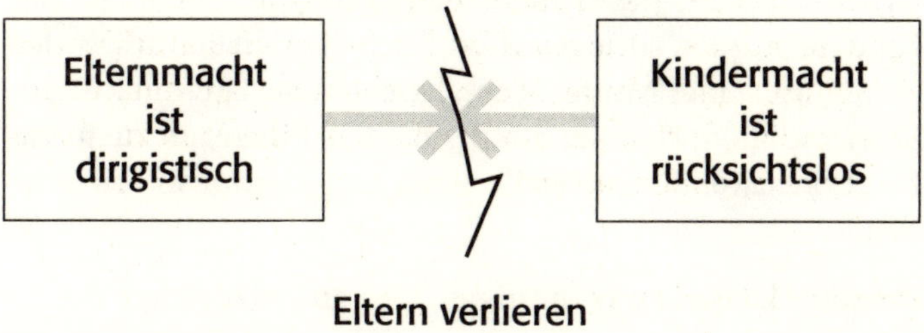

Passive Macht

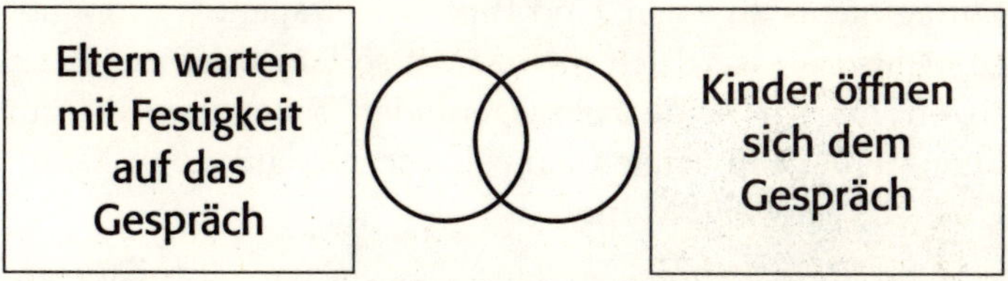

Die Mutter fühlt sich als Verliererin. Sie ist in eine **Irrtumsfalle** geraten. Sie denkt, man müsse das Kind zwingen, anständig zu laufen. Sie begreift nicht, dass der Widerstand des Kindes nur sein Spiel um Macht ist. Je stärker Mutter Druck aufsetzt, desto mehr Möglichkeiten bekommt das Kind, sich quer zu legen. Das Kind begreift natürlich den Zeitdruck seiner Mutter nicht. Es denkt nur an sein lustiges Spiel mit den Herbstblättern. In dem Maße, in dem das Kind die Situation versteht, wird es änderungsbereit werden.

Anstatt Hannes zu besänftigen, ihm gut zuzureden, ihn zu bestrafen oder brutal hinterher zu zerren, ist es besser, die direkte Auseinandersetzung nicht zu scheuen: Die Mutter setzt sich also auf eine Bank und sagt: „Du willst am Boden sitzen bleiben, ich will einkaufen. Du willst anders als ich, und ich will anders als du. Ich bin jetzt in einer blöden Situation: **Einerseits** lasse ich dich gerne spielen, aber **andererseits** muss ich jetzt einkaufen, sonst haben wir am Mittag nichts zu essen. Und Papa wird fragen: Warum gibt es nichts zu essen? Ich bleibe jetzt so lange auf der Bank sitzen, bis wir beide herausgefunden haben, wie du mit dem Herbstlaub spielen kannst, und ich einkaufen kann." Und jetzt schweigt Mutter.

Normalerweise lenken Kinder sehr schnell ein. Bleibt die Mutter hartnäckig, dann haben sich die zehn oder fünfzehn Minuten Verspätung gelohnt. Einmal konsequent durchgezogen, sind ähnliche Situationen später meistens schneller erledigt.

2. Die einzelnen Schritte

a) Macht ohne Dirigismus

Die Grundidee der POG-Methode: „Machtanwendung ist dann nicht diktatorisch, wenn ich dem Kind „meine Notsituation" erkläre, wenn ich das Kind bitte, mit mir einen Weg zu suchen, um nicht mehr Macht anwenden zu müssen. Dieser Weg besteht aus drei Stufen:

1. Mut zur starken I-Bo (Ich-Botschaft)

Ich beginne das Gespräch nicht wie üblich mit einem Vorwurf, sondern mit einer „starken Ich-Botschaft". Ich rede von meinem Problem, von meinen Gefühlen, von meiner Notsituation. Ich werfe meine ganze Person in die Waagschale, meine ganze existentielle Situation. Ich stelle dem Kind immer wieder die Frage: „Was meinst du, was ich jetzt machen soll?"

2. Mut zum Blockieren (passive Macht)

Ich sage meinem Kind: Du gibst nicht nach, auch ich gebe nicht nach. Ich bin nicht bereit zu verlieren. Wir machen da einen Machtkampf miteinander und überschütten uns gegenseitig mit Vorwürfen. Aber ich will dich auch nicht strafen. Ich will nicht mit dir schimpfen. Was machen wir beide da? Ich werde einfach „passiv" bleiben und nichts mehr tun, bis wir beide vernünftig miteinander reden können.

3. Mut zum vorwurfslosen „Gespräch danach"

Ich werde im jetzt folgenden Gespräch dem Kind keine Vorwürfe machen und es als gleichwertigen Partner akzeptieren. Ich übe mich in Geduld. Dieses Gespräch werde ich, wenn nötig wiederholen, bis sich das Kind mir öffnet.

Beispiel: Das leidige Thema „Küche aufräumen". Die Mutter hatte die Wochen davor immer wieder versucht, die übrige Familie an der Küchenarbeit zu beteiligen. Viel Erfolg hatte sie dabei nicht. Nun ist sie resigniert und enttäuscht und am Ende ihrer Geduld und Weisheit. Trotzdem beginnt sie das Gespräch vor versammelter Runde der Familie ohne Vorwurf und sagt:

1) „Ich fühle mich in einer Notsituation. Seit ich wieder arbeite, wächst mir der Haushalt über den Kopf. Ich komme mir in der Küche beim Abwasch verlassen vor. Ich meine nun, ihr Kinder könntet wenigstens beim Küche aufräumen behilflich sein." Grundsätzlich sagen die Kinder auch „Ja", aber nach 2–3 Tagen erlahmt der Helfergeist wieder.

2) Jetzt entschließt sich Mutter zu blockieren.
Sie sagt: „Ich habe mich entschlossen so lange nicht mehr abzuwaschen, bis wir das leidige Küchenthema besprochen haben." Nach dem nächsten Mittagessen bleibt das Geschirr unabgewaschen in der Küche liegen. Keiner sagt einen Ton. Zum Abendessen wird einfach das „Sonntagsgeschirr aus dem Küchenschrank genommen. Zum nächsten Sonntagsfrühstück stellt Mutter unabgewaschene Tassen auf den Tisch. Da reklamiert Papa.

3) Jetzt ergreift Mutter das Wort:
„Ich habe euch gesagt, dass ich so lange nicht mehr abwaschen werde, bis das Küchenthema vernünftig be-

sprochen worden ist." Alle sehen sich betreten an. Doch keiner rührt sich. Mutter schweigt auch. Doch nach dem Sonntagsfrühstück gehen zwei Kinder unaufgefordert in die Küche und räumen auf. Dabei besprechen sie, wie man den Abwasch organisieren kann.

Kürzestfassung der POG-Methode

1. **Mut zur starken Ich-Botschaft (meine Notsituation)**
2. **Mut zum Blockieren (passive Macht)**
3. **Mut zum Gespräch (Blockieren ist Angebot zum Gespräch)**

Wie ein solches Gespräch in der Praxis aussehen könnte, zeige ich im Folgenden.

b) Die Bedürfnisleiter vom Vordergründigen zum Wesentlichen

Viele Eltern bemühen sich in schwierigen Situationen mit Hilfe von „AZ" (aktives Zuhören) und I-Bo (Ich-Botschaft) positive Gespräche mit ihren Kindern zu führen. Doch viele tun sich schwer damit, denn wie soll man positiv beginnen, wenn die Kinder negativ reagieren und verstockt bleiben? Dabei fordern sie ständig: „Ich will eine Schokolade." „Ich will die Aufgaben jetzt nicht machen." „Du musst mir eine Maschinenpistole kaufen, mit der man wirklich schießen kann." „Ich will im Bett liegen bleiben." „Ich will keinen Spaziergang mit euch machen!" Und dergleichen mehr. Positiv beginnen ist dann besonders schwer, wenn die Eltern mit Themen konfrontiert werden, die aus ihrer Sicht nicht toleriert werden können, wie Kriegsspielzeug, Drogen, Fluchen, Stehlen, Gewalt etc.

Die Gefahr ist groß, solch ungehöriges Verhalten ohne Begründung einfach zu verbieten. Das Kind hingegen findet sein Verhalten gut, zumindest lustig. So stehen sich unbegründetes Verbot und kindliche Forderung unversöhnlich gegenüber. Es entstehen Fronten und diese führen zu Verhärtungen.

Ein Beispiel: Nehmen wir an, ein Kind beginne plötzlich bei jeder passenden und unpassenden Situation zu fluchen. Die Eltern können dieses Verhalten nicht verstehen und der Vater lässt sich dazu verleiten mit fester Stimme zu sagen: „Hier wird nicht geflucht, sonst gibts eins auf den Mund." Eltern sagen mir oft: „Wenn mein Kind frech ist, kann ich doch nicht lieb zu ihm sein, das wäre ja wie ein Gutheißen seines Verhaltens." Dieser Vater ist also überzeugt: Einer solchen Sprache muss sofort der Riegel vorgeschoben werden. Doch die Wirkung seiner Maßnahme ist mehr als schwach. Das Kind flucht immer noch!

An sich hat jedes Kind das Bedürfnis, in der Gruppe, in der Familie als gleichwertiges und brauchbares Mitglied angesehen zu werden. Es will dazugehören und geliebt werden. Deshalb wird es normalerweise auch nicht fluchen. Wenn ihm aber diese Akzeptanz nicht entgegengebracht wird, beginnt es sich asozial zu verhalten und eben z. B. zu fluchen. Da nützt alles Schimpfen nichts.

Wie ein Gespräch über solch heikle Themen positiv verlaufen kann, zeigt die Bedürfnisleiter. Es ist nicht die Meinung, dass immer alle aufgeführten Punkte der folgenden Beispiele erwähnt werden müssen. Meistens genügen 2–4 Posten. Die Leiter will lediglich zeigen, wie man ein Gespräch vordergründig und vorwurfsfrei beginnen kann, um dann mit dem Wesentlichen zu enden.

Die Bedürfnisleiter zeigt auch, wie man Wiederholungen vermeiden kann, denn beim Sammeln von Bedürfnissen besteht die Gefahr, dass man sich wiederholt und das Gespräch sich dadurch im Kreise dreht. So endet das Gespräch unbefriedigend. Hingegen wird ein Gespräch lebendig und interessant, wenn es beim Vordergründigen, beim Sichtbaren, beim Bekannten, bei den Gefühlen beginnt. Es soll von leicht fassbaren Gedanken langsam zu tieferen Gedanken, zum Wesentlichen weiterschreiten. Für dieses „Weiterschreiten" benützte ich das Bild der Leiter. Ein Gespräch verläuft dann flüssig, wenn mir die **Bedürfnisleiter** gegenwärtig ist und ich **positiv formuliere**.

Dies bedeutet, dass ich

a) mit vordergründigen **Bedürfnissen** beginne,
b) mit einer **Problemstellung** fortfahre und
c) nicht mit einer Lösung, sondern mit einem der drei **Grundprobleme** ende.

Die Bedürfnisleiter und das „Gespräch danach" sollen im Anschluss an die folgenden drei Geschichten Möglichkeiten aufzeigen, wie man in schwierigen Situationen mit einem Gespräch zum Wesentlichen vordringen kann.

1. Das misslungene Fahrradrennen oder – muss denn Fluchen sein?

Kay und Winni veranstalten auf einem asphaltierten Feldweg ein privates Fahrradrennen zu zweit. Sie fahren nebeneinander. Eine Rechtskurve ist für den rechtsfahrenden Winni zu eng. Es drückt ihn nach links und er verfängt sich mit Kay. Blitzschnell liegen beide am Boden und so müssen sie ihre Vehikel nach Hause tragen.

Als der Vater von Kay seinem lädierten Hobbyrennfahrer gegenübersteht, beginnt dieser wie aus der Kanone geschossen zu fluchen: „Der Winni, der ist ein verdammtes A...! Der kann doch nicht Fahrrad fahren! Der Scheißkerl hat ja Angst, sich in die Kurve zu legen. Der Schafs..., der Mongi!, fährt mir in die Seite rein, einfach so!

Nachdem Kay seinen diesbezüglich schon ordentlich großen Wortschatz verschossen hat, sagt Vater: „Du bist jetzt sofort still. Bei uns wird nicht geflucht!" Kay: „Da kann ich doch nichts dafür, dass der ein so verd... A..." Vater: „Still oder sonst fängst du eine. Bei uns wird nicht geflucht. Verstehst du!"

Für Kays Vater steht es außer Diskussion. Fluchen liegt unter seiner Würde. Deshalb findet er seinen Befehl gerechtfertigt: Bei uns wird nicht geflucht! Und er bestimmt: Für jeden Fluch gehen ab jetzt 50 Cent in die Familienkasse. Doch trotz aller Konsequenz bleibt die Wirkung gleich Null. Der Trick mit der Familienkasse hat auch nicht funktioniert.

Im Gegenteil. Kay wird bei seinen Kollegen der reinste Flucherheld und das ist für den Vater völlig unerklärlich. Er kann einfach nicht verstehen, was den Jungen an dieser Flucherei so reizt. Er sagt mir: „Was soll man da denn machen? Wir werden hart bleiben, und wenn wir dem Jungen das Fluchen rausprügeln müssen." Erfolg? Kay übt sich weiterhin im Fluchen, allerdings nur, wenn es die Eltern nicht hören.

Zunächst einmal versuchen wir, die Gefühlslage beider Elternteile zu erfassen. Zudem versuchen wir, im Gespräch vordergründig zu beginnen und Sprosse für Sprosse zum Wesentlichen empor zu steigen. Es ist nicht die Meinung, alle unten angeführten Überlegungen im Gespräch einzusetzen. Man benutzt lediglich drei bis vier Elemente, die zur jeweiligen Situation passen.

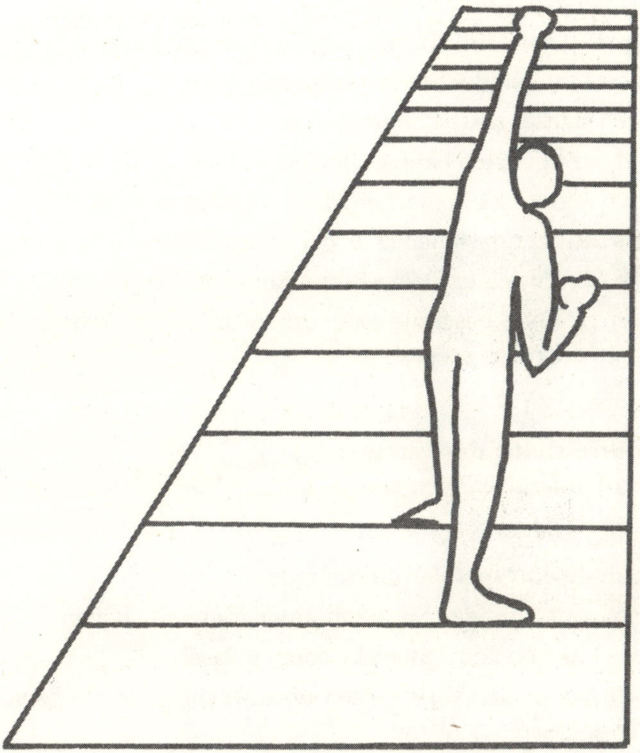

Leiter zum Wesentlichen

Bedürfnisleiter von Kay
(vom Vordergründigen zum Grundsätzlichen)

Er möchte
- blindlings drauf los fluchen können
- auf niemanden Rücksicht nehmen müssen
- seiner Wut Luft machen
- jetzt Widerstand spüren, um angreifen zu können
- den Moment der Stärke auskosten
- sich stärker als die anderen fühlen
- allen zeigen: Ich kann es besser!
- den andern klein machen, dadurch wird er größer
- als Mutiger dastehen (z. B. bei seinen Eltern)
- im Gefühl seiner Stärke herumkommandieren
- den andern beschuldigen, um nicht selber Schuld zu sein, denn das tut ja so wohl!

Bedürfnisleiter des Vaters
(vom Vordergründigen zum Grundsätzlichen)

Er möchte
- mit seinem Sohn vernünftig reden
- einen anständigen Sohn mit guten Manieren haben
- das Fluchen von Kay nicht hören müssen
- sich vor seinen Verwandten und Bekannten nicht genieren müssen
- Kay das Fluchen am liebsten verbieten
- eine Fehlentwicklung Kays verhindern
- erleben, dass Kay auf seine Eltern etwas Rücksicht nimmt
- wissen, was denn eigentlich an dieser Flucherei so interessant ist.

Problem von Kay
(vom Vordergründigen zum Grundsätzlichen)

➡ *Einerseits* tut die Flucherei sooo gut, der Ärger muss irgendwie raus,

⬅ *andererseits* verbieten die Eltern ihm das Fluchen fortwährend.

➡ *Einerseits* muss sein Freund einfach wissen, was er falsch gemacht hat,

⬅ *andererseits* ist ihm auch klar, dass die Flucherei nichts bringt.

➡ *Einerseits* kommt das Fluchen bei seinen Kollegen gut an,

⬅ *andererseits* verletzt er seine Mitmenschen und schafft sich Feinde.

➡ *Einerseits* weiß er, dass Winni ihm nicht mit Absicht in die Seite gefahren ist,

⬅ *andererseits* ist sein Fahrrad jetzt kaputt. Das ist für ihn schlimm.

➡ *Einerseits* versucht Kay, keine Hassgefühle gegen Winni zu haben,

⬅ *andererseits* hat er jetzt mit seinem kaputten Fahrrad Scherereien.

➡ *Einerseits* möchte er doch seinen Freund behalten,

⬅ *andererseits* hat er jetzt eine Wut auf ihn.

Probleme des Vaters
(vom Vordergründigen zum Grundsätzlichen)

- *Einerseits* kann er mit Kay mitfühlen,
- *andererseits* tut ihm das Fluchen fast körperlich weh.
- *Einerseits* weiß Vater, dass viele Menschen fluchen und dass diese Leute das nicht stört,
- *andererseits* gilt einfach: in unseren Kreisen wird nicht geflucht.
- *Einerseits* lässt Vater Kay die volle Freiheit,
- *andererseits* fällt es ihm furchtbar schwer, keine Bemerkungen zu machen.
- *Einerseits* ist ihm ja klar, dass diese Fluchperiode wieder vergeht,
- *andererseits* kann er doch nicht einfach zuwarten, bis es vorbei ist.
- *Einerseits* ist Vater sonst sehr tolerant und verständig,
- *andererseits* meint er, dass man beim Fluchen eingreifen müsse.
- *Einerseits* gibt es schlimmeres, als fluchen,
- *andererseits* kann er das Fluchen nicht mehr hören.
- *Einerseits* wollen sie an Kay nicht immer herumkritisieren müssen,
- *andererseits* wäre die Flucherei wirklich nicht nötig.

Für Kay heißt im Moment der Sinn des Lebens: „Ich bin stark und gut! Deshalb nehme ich auf niemanden Rücksicht. Ich kann reden, wie ich will."

Das „Gespräch danach"

Steigen wir irgendwo in das Gespräch ein: Die Eltern Kays hören geduldig zu, bis er seinen, bereits beachtlich großen, einschlägigen Wortschatz verschossen hat. Nun versucht Vater, die **Bedürfnisse** von Kay zu erfassen. Er sagt: „Du hast aber eine schöne Wut im Bauch." Kay: „Und was für eine!" Vater: „Wenn du auf der inneren Seite gefahren wärest, du hättest die Kurve bekommen." Kay: „Natürlich, spielend! Deshalb musste ich Winni doch zusammensch ...! Winni macht mein Fahrrad kaputt und ich soll noch freundlich zu ihm sein? Nie! Dem musste ich es sagen, aber richtig!" Vater: „Die Flucherei hat dir richtig gut getan. So konntest du deiner Wut richtig Luft machen." Kay: „Ja genau." Vater: „Und jetzt ist dir wieder wohler." Kay: „Richtig." Vater: „Für dich ist Fluchen mega gut." Auf diesen komischen Spruch kann sich Kay keinen Reim machen. Was soll man da schon sagen?

Nun schaltet sich Mutter ein: „Wie dir zumute war, können wir jetzt verstehen. Das ist aber genau die Hälfte der Situation. Die andere Hälfte sind meine Gefühle: Mir tut das Fluchen in den Ohren weh. Ich mag solche Wörter einfach nicht hören **(Bedürfnis)**. Wenn ich mir vorstelle, dass du auch bei anderen Gelegenheiten so fluchst und alle hören das, denken die Leute, was ist das für eine Familie? Dann schäme ich mich fürchterlich und möchte mit niemandem mehr reden." **(Bedürfnis)**

Mutter schließt das Gespräch salomonisch ab: „So oder so, mir ist es einfach wohler bei Menschen, die nicht fluchen". Alle bleiben gemütlich sitzen und wenden sich den kaputten Fahrrädern zu.

- **Konfliktgegenstand**
  Vordergründig: Fahrradunfall
  Tiefgründiger: Schuld
- **Grundproblem**
  Macht und Freiheit

2. Der Besuch und die Eisenbahnanlage

Die Mutter bekommt am Abend Besuch von ihrem Chef. Deshalb ist ihr eine aufgeräumte Wohnung wichtig. Nun hat aber Lini im Wohnzimmer eine große Eisenbahnanlage aufgebaut. Sie möchte morgen weiterbauen, aber die Mutter sagt: „Ich bekomme Besuch, die Eisenbahnanlage muss weg." Doch Lini ist dazu nicht bereit.

Lini argumentiert: „Das macht doch nichts, der Gast darf doch die Anlage sehen." Mutter: „Ich kann vom Gast nicht verlangen, dass er über deine Sachen steigen muss. Die Geleise gehen ja direkt an der Sitzgruppe vorbei." Lini: „Du hältst immer zum Besuch und ich bin dir „wurscht". Ich muss mich immer nach dir richten. Nie ist es umgekehrt."

Mutter: „Das stimmt ja gar nicht! Du merkst gar nicht, wie oft ich nachgebe und was ich dir alles zuliebe mache. Glaubst du, ich will mich vor meinem Chef blamieren? Dazu bin ich nicht bereit, deshalb muss die Anlage weg, versteht du!"

Lini kontert: „Du bist gemein, du bist ein Egoist. Du denkst nur an dich. Dass ich viel Zeit verliere mit abmontieren und morgen wieder aufbauen, das ist dir egal." Mutter: „Ich bin es leid, noch lange mit dir zu diskutieren. Die Anlage kommt weg! Hast du verstanden!"

Lini schimpft vor sich hin und wirft Zeitungen und anderes Papier mit Wut auf den Boden. Und damit ist das Gespräch beendet.

Nun muss die Mutter die Wohnung selber aufräumen. Dies gelingt ihr in der knappen Zeit nur unvollkommen. Lini verzieht sich in ihr Zimmer und lässt sich den ganzen Abend nicht mehr sehen.

Hier prallen zwei gegensätzliche **Bedürfnisse** aufeinander. Wir versuchen jetzt, diese zu benennen:

Bedürfnissleiter der Mutter
(vom Vordergründigen zum Grundsätzlichen)

Sie möchte
- durch die Eisenbahn keinen schlechten Eindruck hinterlassen
- sich in ihrer eigenen Wohnung frei fühlen
- ihre Wohnung so gestalten, wie sie ihr gefällt
- eine tadellose Wohnung vorzeigen können
- zeigen, dass sie auch Zuhause effizient arbeitet
- beim Chef einen guten Eindruck hinterlassen
- als gute Hausfrau gelten
- als gute Mutter dastehen
- nicht von ihrer Tochter fremdbestimmt werden
- sich frei fühlen.

Bedürfnisleiter von Lini
(vom Vordergründigen zum Grundsätzlichen)

Sie möchte
– das machen, was ihr im Moment Spass macht
– nicht immer aufräumen müssen
– die Anlage dort lassen können, wo sie ist
– beim Eisenbahnspielen nicht gestört werden
– dass der Besuch ihre schöne Anlage sieht
– dass sich der Besuch auch mit ihr beschäftigt
– für ihre schöne Eisenbahnanlage gelobt werden
– nicht aufräumen für eine Person, die sie nicht kennt
– von Mutter als gleichwertig akzeptiert werden
– von Mutter ernst genommen werden
– nicht immer von Mutter fremdbestimmt werden
– sich frei fühlen.

Problem der Mutter
(vom Vordergründigen zum Grundsätzlichen)

➡ *Einerseits* könnte sie vielleicht noch nachgeben,

⬅ *andererseits* ist das Wohnzimmer in einem Zustand, dass Staub gesaugt und aufgeräumt werden muss.

➡ *Einerseits* könnte die Eisenbahn wirklich im Wohnzimmer bleiben,

⬅ *andererseits* geht das Geleise akkurat dort durch, wo sich der Besuch hinsetzen wird.

➡ *Einerseits* würde sie bei irgend einem anderen Besuch nachgeben,

⬅ *andererseits* beim Besuch ihres Chefs ist das undenkbar.

Einerseits ist es ihr sehr wichtig, bei ihrem Chef gut da zu stehen,

andererseits hat sie ein schlechtes Gewissen, dass ihr der Besuch wichtiger ist, als ihr Kind.

Problem von Lini
(vom Vordergründigen zum Grundsätzlichen)

Einerseits verstehe sie ja noch, dass Mutter eine schöne Wohnung vorzeigen will,

andererseits ist Mutter einfach zu pingelig. Bei ihr muss alles glänzen, und staubfrei sein und so ist die Wohnung ungemütlich.

Einerseits räumt sie noch gerne auf,

andererseits findet sie es widersinnig, die Anlage ab- und dann wieder aufzubauen.

Kommentar

Voll mit ihrem Besuch beschäftigt, handelt Mutter einfach. Dadurch fühlt sich Lini wieder einmal überrollt. Deshalb geht sie zum Gegenangriff über und legt sich quer. Die Spirale der Macht beginnt sich zu drehen. Die Mutter fühlt sich als Verliererin. Es geht gar nicht um die Eisenbahn, sondern um Macht.

Das „positive Gespräch danach"

In der aktuellen Situation war es der Mutter nicht gelungen, die Eskalation des Konflikts zu verhindern. Doch am Tag danach setzen sich die beiden zusammen, um nochmals darüber zu sprechen und zu überlegen, wie es hätte anders laufen können. Mutter holt Bleistift und Papier und in Form eines Brainstorming (Ideen sammeln) notieren Mutter und Tochter verschiedene Möglichkeiten, wie sie das Problem noch hätten lösen können, ohne dass einer von beiden sich als Verlierer gefühlt hätte:

- Lini nimmt nur die Teile bei der Türschwelle und beim Sofa weg. Alles andere bleibt, wo es ist.
- Wir hängen eine große Decke an die Türe von Lini's Zimmer, so dass der Besuch nicht ins Zimmer sehen kann und die Eisenbahn doch unten durch fahren kann.
- Wir lassen alles sein und erklären dem Besuch: „Lini hatte keine Zeit zum Aufräumen."
- Wir schieben die Sitzgelegenheit für den Besuch zur Seite an einen Ort, wo der Besuch die Anlage auf dem Teppich gut sehen kann.

Dieser letzte Vorschlag hat bei Lini so eingeschlagen, dass beide die Umplatzierung der Sessel gleich in Angriff genommen haben. Dann sagte Mutter: „Jetzt gehe ich noch einkaufen für heute Abend, du kommst ja schon alleine zurecht."

Als Mutter wieder nach Hause kommt, gehen die Schienen zwar immer noch in Lini's Zimmer, dieses ist aber – oh Wunder! – aufgeräumt.

Warum hat dieses Gespräch eine solch positive Wendung genommen?

- **Konfliktgegenstand**
  Vordergründig: Die Eisenbahnanlage
  Tiefergründig: Eifersucht auf den Besuch. Lini möchte angenommen und geschätzt werden.

Grundproblem
Annahme und Leistung

3. Alles wird zum Schießeisen

Mit Schrecken stellen die Eltern fest, dass der 7-jährige Louis plötzlich ohne jeglichen Anlass auf alles und jeden schießt. Nicht nur ein Ast wird unter seinen Händen zu einem Gewehr, auch eine Gurke, eine Banane und ähnliches werden in seiner Hand zu einem Revolver oder einem Schießeisen. Die Eltern sind gegen Gewalt und bestimmen: Wir kaufen dir kein Spielzeug zum Schießen und in unserer Wohnung wird überhaupt nicht geschossen. Doch alle Kontrolle nützt nichts. Louis schießt auf Mama, auf Papa und auf jeden der ihm in die Quere kommt. Den Eltern ist das unerklärlich.

Mit allem Möglichen haben es die Eltern schon probiert: Mit Güte, mit Strenge, mit Erklären, mit Verbieten. Alles nützt nichts. Das Kind schießt weiterhin auf alles. So kann es doch nicht weitergehen, finden die Eltern. Wo soll das noch hinführen? Was machen wir denn falsch, fragen sie sich immer wieder. Wie sollen Eltern nun bei einem so durch und durch negativen Thema ein Gespräch positiv beginnen können?

Die folgende Gesprächsanalyse (Auflistung von Bedürfnissen und Problemstellungen) soll helfen, in Gesprächen sicherer und positiver reagieren zu können. Es ist nicht die Meinung, dass man in einem Gespräch alle nachfolgend notierten Ideen berücksichtigen muss. Auch sind mit Absicht ganz unterschiedliche Antworten mit eingebaut, welche dann sehr gegensätzlich wirken. Es geht mir nur darum, Möglichkeiten aufzuzeigen, die man je nach Situation anwenden kann.

Bedürfnisse von Louis
(vom Vordergründigen zum Grundsätzlichen)

Kaum auf der Welt, hat Louis auch schon Bedürfnisse. Er möchte:

- mit seiner Hand etwas nehmen,
- mit seinem Arm etwas werfen,
- mit einem Stock etwas treffen,
- Pfeile weit weg schleudern,
- mit Pfeil und Bogen noch weiter schießen,
- mit einer Gummischleuder einen Stein weit weg schießen,
- mit einer Pistole eine Kugel schießen (Schützenverein),
- mit einem Gewehr noch weiter schießen (Schützenverein),
- mit einer Kanone noch weiter schießen können,
- eine Rakete bis auf den Mond schießen können,

Mit einem Satz gesagt: Louis möchte seinen Aktionsradius erweitern.

Bedürfnisse der Eltern
(vom Vordergründigen zum Grundsätzlichen)

Sie empfinden Schießen als negativ, darum sollte Louis das Schießen lassen.

- Die Hartnäckigkeit von Louis ist den Eltern unverständlich, macht Angst.
- Sie möchten mit ihrem Sohn keine Schwierigkeiten bekommen.
- Sie möchten nicht schuld sein, wenn etwas passiert.
- Sie haben Angst, Louis könnte sich negativ entwickeln.
- Sie haben Angst, Louis könnte sich sozial schlecht einfügen.

- Langsam befürchten sie, mit Louis könnte irgend etwas nicht stimmen.
- Ihnen ist ein harmonisches Familienleben (ohne Schießerei) sehr wichtig.
- Bei ihnen werden menschliche, humanistische Ideale gepflegt.
- Sie möchten Louis die wichtigsten Werte des Lebens vermitteln.
- Sie haben das Bedürfnis, das Gute in Louis zu fördern.

Problem von Louis
(vom Vordergründigen zum Grundsätzlichen)

Weil Mama und Papa ohne Begründung immer NEIN sagen, bekommt Louis folgende Probleme:

⇨ *Einerseits* will er als Säugling nach allem greifen,

⇦ *andererseits* nimmt ihm Mutter alles immer wieder weg.

⇨ *Einerseits* krabbelt Louis auf allen Vieren, auf Entdeckungsreisen durch das ganze Zimmer,

⇦ *andererseits* holt ihn Mami immer wieder zurück und sagt: „Bleibe da!"

⇨ *Einerseits* ist es lustig, mit dem Fahrrad einfach weit weg zu fahren,

⇦ *andererseits* schimpft Mami und fragt: „Wo warst du schon wieder?"

⇨ *Einerseits* übt sich Louis im Messerwerfen und versucht, einen Baum zu treffen,

⇦ *andererseits* sagen die Eltern: „Lass das! Das ist gefährlich."

Einerseits probiert Louis mit einem Luftgewehr möglichst weit zu schießen, und möglichst genau zu treffen, denn so fühlt er sich stark,

andererseits sagen die Eltern einfach ohne Begründung: „Schießen ist schlecht."

Einerseits möchte Louis Jagdbomberpilot werden. Da wäre er wirklich stark,

andererseits sagen die Eltern: „Das wäre schrecklich für uns."

Einerseits und zu guter Letzt möchte Louis Astronaut werden, denn da kann er noch viel schneller und weiter fliegen. Dann ist er ganz stark, dann ist er ein Held,

andererseits sagen die Eltern: „NEIN, du lernst einen anständigen Beruf."

Einerseits ist der gemeinsame Nenner seiner Spiele, den Aktionsradius zu vergrössern,

andererseits sagen die Eltern immer NEIN.

Problem der Eltern
(vom Vordergründigen zum Grundsätzlichen)

Einerseits wollen die Eltern Louis in seiner Entwicklung nicht behindern,

andererseits meinen sie, diese Schießerei sei der Anfang einer Fehlentwicklung.

Einerseits haben sie Verständnis für die Spiele,

andererseits können sie die ewige Ballerei fast nicht mehr mit ansehen.

Einerseits ist Schießen in ihren Augen etwas Lebensfeindliches und grundsätzlich nicht Akzeptables, *andererseits* gibt es Schützenvereine. Wie soll man da das Schießen verbieten?

Die Hartnäckigkeit von Louis ist den Eltern unverständlich, macht Angst.

Ich gehe in meinem Modell davon aus, dass jede Handlung des Kindes einen positiven Kern hat. Es gilt deshalb, diesen zu erkennen und positiv auszuwerten. Beim Thema Schießen stellt sich deshalb die Frage: Inwieweit ist dieses Schießbedürfnis von Louis auch positiv? Für Louis heißt der Sinn des Lebens: „Einfluss haben", und zwar möglichst weit. Dieses Grundbedürfnis ist weder positiv, noch negativ. Es ist neutral. Es gilt jetzt, dieses Bedürfnis positiv aufzubauen.

Das „Gespräch danach"

Louis ist wieder in sein Lieblingsspiel vertieft. Plötzlich schießt der 7-Jährige mit einem aus Lego gebastelten Gewehr auf Großvater. Zunächst reagiert er nicht. Louis ruft: „Opa, du musst umfallen!" Er schießt noch einmal. Der Großvater fällt um und bleibt liegen. Louis kommt, zieht ihn hoch und sagt: „Opa, du musst aufstehen." Großvater: „Warum? Ich bin tot!" Louis: „Sonst kann ich dich nicht mehr totschießen." Großvater sagt: „Man kann einen Menschen nur einmal totschießen." Louis: „Aber wenn man spielt, kann man immer wieder totschießen, sonst ist es nicht lustig." Großvater bleibt trotzdem liegen und sagt: „Für mich ist es aber nicht lustig, immer totgeschossen zu werden." Louis: „Aber für mich schon!". Großvater: „Warum ist es für dich lustig, den Opa immer wieder totzuschießen?" Louis: „Weil ich dann stärker bin als du." Großvater: „Aber warum ist es nur lustig, wenn du stärker bist als ich?“ Louis: „Dann kann ich mit dir machen, was ich will.“ Großvater: „Aha, deshalb ist Totschießen-Spielen so lustig.“ Louis überzeugt: „Ja sicher!“ Großvater zieht das Gespräch weiter und sagt: „Muss man denn unbedingt schießen?“ Louis: „Ja, bestimmt. Der Lehrer hat in der Schule gesagt: Im Gebirge gibt es immer mehr Rehe und Hirsche, die fressen von den Bäumen alle Blätter weg und sogar die Rinde. Dann gehen die Bäume kaputt. Deshalb muss es Jäger geben, die alle Tiere, die zu viel sind, abschießen.“ Großvater: „Dann kann Schießen gut sein oder auch schlecht sein.“ Louis: „Ja, genau!“ Großvater: „Ja, aber wann ist Schießen schlecht, und wann ist Schießen gut?“ – Pause.

Louis muss nachdenken. Er geht aus dem Zimmer. Nach einigen Minuten kommt er wieder und sagt: „Jetzt spielen wir etwas anderes.“

Louis hat nie mehr mit Großvater „Totschießen“ gespielt.

Ein Grundbedürfnis ist weder positiv noch negativ. Es ist neutral. Es gilt jetzt, dieses Bedürfnis positiv aufzubauen.

- **Konfliktgegenstand**
  Vordergründig: Alles wird zum Schießeisen.
  Tiefgründiger: Einflusserweiterung
- **Das Grundproblem**
  Macht und Freiheit

3. Die Würde des Kindes

a) Die sechs Postulate einer wirksamen Erziehung

All das, was ich in den vorangehenden Kapiteln dargelegt habe, kann man in sechs Postulate zusammenfassen. Diese weisen den Weg zu einer „wirksamen Erziehung".

1) Wirksame Erziehung beginnt damit, Achtung vor dem Kind zu haben. Denn ein Kind ist ein eigenständiges Individuum, welches ein Recht auf sein eigenes Leben hat.

2) Das Kind ist auf Gedeih und Verderb auf das Wohlwollen seiner Eltern angewiesen. Deshalb ist ein gutes Vertrauensverhältnis zu seinen Eltern für das Kind existentielle Notwendigkeit. Wenn sich ein Kind trotzdem asozial benimmt, befindet es sich in einer Notlage. Deshalb ist Schimpfen und Zurechtweisung nicht angebracht.

3) Das stärkste Bedürfnis eines Kindes ist es, in der Familie als gleichwertiges Mitglied akzeptiert und geachtet zu sein. Deshalb soll man es weder tadeln, noch loben. Sondern es gilt, sein Gruppengefühl aufzubauen.

4) Ein Kind ist normalerweise von Natur aus richtig „programmiert". Deshalb heißt wahre Erziehung, ehrfurchtsvoll darauf zu achten, dass die natürliche Entwicklung des Kindes nicht gestört wird. Wirkt ein Kind trotzdem als Störenfried, hat bereits ein Bruch stattgefunden, den es zu heilen gilt.

5) Die Spannung zwischen Macht und Freiheit ist das eigentliche Thema zwischenmenschlicher Beziehungen. Erziehung heißt, das Kind zu lehren, mit Macht und Freiheit verantwortungsbewusst umgehen zu können.

6) Der Mensch ist grundsätzlich ein entscheidungsfähiges Wesen und ist insofern schuldfähig. Es gilt, einen positiven Umgang mit Schuld zu erlangen.

b) (Un)-wirksame Erziehung: Das fremdbestimmte Kind

Die unwirksame Erziehung geschieht durch:

1. „Behandeln“
   Eltern stehen sehr oft in der Gefahr, das Kind als Gegenstand, als Objekt zu behandeln. Ihr Kind fühlt sich so fremdbestimmt. Es fühlt sich stets unter dem Druck von „sollen“ und „nicht dürfen“. Das Kind soll in der Schule gut sein, es soll sich in die Gemeinschaft einfügen, es soll sich gemäß den Wertvorstellungen der Eltern entwickeln. Mit einem Satz: Das Kind soll möglichst reibungslos funktionieren, wenn nicht freiwillig, dann eben unter Druck. Das spürt das Kind und legt sich quer.

2. Belohnung / Bestrafung
   Vielen Eltern fällt als Erziehungsmittel nur Zuckerbrot und Peitsche ein. Positives wird gelobt, Negatives wird getadelt, in der Hoffnung, ihre Kinder auf diese Weise zu den eigenen Wertvorstellungen hin formen zu können. Wenn nun die Eltern Druck ausüben, entwickelt das Kind einen Gegendruck. Auf diese Weise sinkt der Erziehungserfolg auf ein Minimum.

3. Negative Redeweise
   Viele Eltern merken nicht, dass sie gewöhnlich in einem leicht befehlenden, korrigierenden Ton mit der Jungmannschaft reden. Sie wundern sich dann, dass es gleichermaßen angriffslustig „aus dem Wald“ zurücktönt.

Obwohl Kinder wie Eltern diesen Tonfall selber gar nicht mehr bemerken, ist seine Wirkung doch allgegenwärtig und negativ. Auf diese Weise ist eine positive Einflussnahme seitens der Eltern fast nicht denkbar.

Die wirksame Erziehung achtet auf Folgendes:

1. Eigenständiges Individuum

   Wenn Eltern ihr Kind als eigenständiges Individuum achten, werden sie mit ihm ganz anders umgehen, als wenn sie das Kind als ihr Eigentum betrachten.

   Durch diese Wertschätzung seiner Eigenständigkeit fühlt sich das Kind selbstbestimmt und entwickelt so eine natürliche Selbständigkeit. Da das Kind weiß, dass es auf seine Eltern angewiesen ist, wird es sich von selbst den Eltern zuwenden. Weil es von klein auf Freiheit gewohnt ist, wird es Freiheit immer weniger missbrauchen.

2. Nicht das Kind, die Sache loben

   Loben ist nur die Kehrseite von Strafen. „Nicht loben" ist dann bereits ein indirekter Tadel. Das Loben / Tadeln-Prinzip macht abhängig. Das Kind hilft nicht deshalb beim Wohnung aufräumen, damit sich alle wohl fühlen, sondern, weil es dann eine Belohnung bekommt. Hat ein Kind schon mal diesen Mechanismus entdeckt, kann es seine Eltern nach Lust und Laune erpressen. Eltern wie Kind machen sich gegenseitig mit den berüchtigten „wenn / dann-Sätzen" abhängig. „Wenn du mir beim Abwaschen hilfst, bekommst du einen Euro." Loben **und** Tadeln wirken erniedrigend.

   Hingegen die *Sache* loben wirkt echter und ist vor allen Dingen wirksamer. Mutter: „Ach, es ist ja abgewaschen! Jetzt kann ich mich ja noch 20 Minuten hinlegen!"

3. Positive Lebensweise

   Wenn sich Eltern entschließen, mit ihrem Kind einen positiven Gesprächsstil zu pflegen, werden sie erleben, dass sich auch der Gesprächstonfall ihres Kindes verändert. Das Familienklima wird sich auf diese Weise nach und nach bessern.

   Eine negative Rede erzeugt zwingend eine negative Reaktion. Eine positive hingegen wirkt zwingend positiv.

Auf den Punkt gebracht heißt das:

Eltern erzielen nur eine **schwache** Erziehungswirkung,

1. wenn sie das Kind als Objekt behandeln,
2. wenn sie nur mit Belohnung und Bestrafung erziehen,
3. wenn sie ständig in einem negativen Ton mit den Kindern reden.

Eltern erzielen hingegen eine **starke** Erziehungswirkung,

1. wenn sie das Kind als eigenständiges Wesen (Subjekt) achten,
2. wenn sie mit ihrem Kind als einem gleichwertigen Partner reden,
3. wenn sie auf eine positive Redeweise mit den Kindern achten.

c) Der Spagat: Mensch oder Gegenstand (Subjekt oder Objekt)

Wenn ich mein Kind beeinflussen will, stehe ich in der Gefahr, es wie einen Gegenstand (Objekt) zu behandeln. Meine Erziehung ähnelt dann der Dressur eines Tieres. Durch die Anwendung von Belohnung und Strafe, von Zuckerbrot und Peitsche übe ich Macht aus. Wie kann ich dieser Gefahr entgehen?

Spiel mit Autos

Heinz und Hans fahren mit ihren Spielautos am Boden kniend im Wohnzimmer herum.

Heinz fährt auf das Feuerwehrauto von Hans zu und schiebt es zur Seite. Hans wird darob böse und schiebt mit seinem Auto den Krankenwagen von Heinz gewaltsam auf die Seite. Daraufhin wird Heinz laut. Er schreit und haut mit der Faust auf das Feuerwehrauto, dessen Leiter sich verbiegt. Nun rennt Hans in die Küche und heult bei der Mutter: „Der Heinz hat mein Feuerwehrauto kaputt gemacht!“ Mutter versucht zu schlichten, doch beide Jungen beteuern, der andere habe angefangen. Mutter muss die beiden mit Gewalt auseinander reißen und jeden in ein anderes Zimmer sperren. Es herrscht wieder Stille, doch der Groll bleibt.

In diesem Beispiel sind beide Kinder Täter und Opfer zugleich.

Heinz fährt als Täter mit seinem Krankenwagen auf das Feuerwehrauto von Hans. Hans erleidet dies als Opfer. In seiner Wut rächt er sich als Täter, was Heinz wiederum als Opfer erleidet. Nun handelt Heinz als Täter und schlägt zurück. Hans als Opfer ruft Mutter zu Hilfe. Doch beide Kinder beteuern, der andere hätte begonnen.

Mutter kann den Streit nicht schlichten und sperrt beide in ein separates Zimmer, was beide, Hans und Heinz als Opfer erleiden.

Jeder Mensch – und jedes Kind – ist zugleich Täter und Opfer, man sagt auch Subjekt und Objekt. Jeder Mensch ist als Individuum ein lebendiges Wesen und gleichzeitig für sich und die anderen quasi ein Gegenstand. Alle Handlungen, die er als Täter, als Subjekt, vollbringt, haben zwangsweise gute oder schlechte Folgen, die auf ihn zurückfallen und ihn als Opfer, als Objekt treffen. Im vorigen Beispiel bleiben beide Kinder Subjekt und Objekt – Handelnde und Behandelte zugleich.

Das Kennzeichen des Subjekts ist Freiheit, Kreativität.

Das Kennzeichen des Objekts ist Unfreiheit, eingeklemmt in Ursache und Wirkung.

Da ich ein Subjekt, ein Handelnder bin, ist meine Meinung zwangsweise subjektiv. D. h. sie ist nur von meinem Standpunkt aus richtig. Da mein Mitmensch (und auch mein Kind) nicht nur Gegenstand, sondern auch ein freies, schöpferisches Wesen ist, handelt es ebenfalls subjektiv, von seiner Warte aus richtig.

Diese Erkenntnis hat folgende Konsequenz: Ich werde nicht mehr sagen, was das Kind tun und lassen soll. Ich werde nicht mehr sagen: „Du machst es richtig, oder du machst es falsch“, sondern ich werde in Zukunft meinem Kind die Nachteile seines Handelns erklären. Ich werde ihm immer wieder sagen, dass es die Folgen seines Handelns selber tragen muss. Und – es gibt ja auch positive Folgen! Ich werde also sagen: „Weil ich durch dein Verhalten folgende Vor- oder Nachteile habe, (als Objekt) habe ich mich entschlossen, in Zukunft so und so zu handeln, (ich rede als Subjekt).

Als Folge dieser Erkenntnis werde ich also nicht mehr sagen: „Ich muss jetzt ...," sondern: „Ich will jetzt ...," oder: „Ich habe mich zu folgendem entschlossen ..."

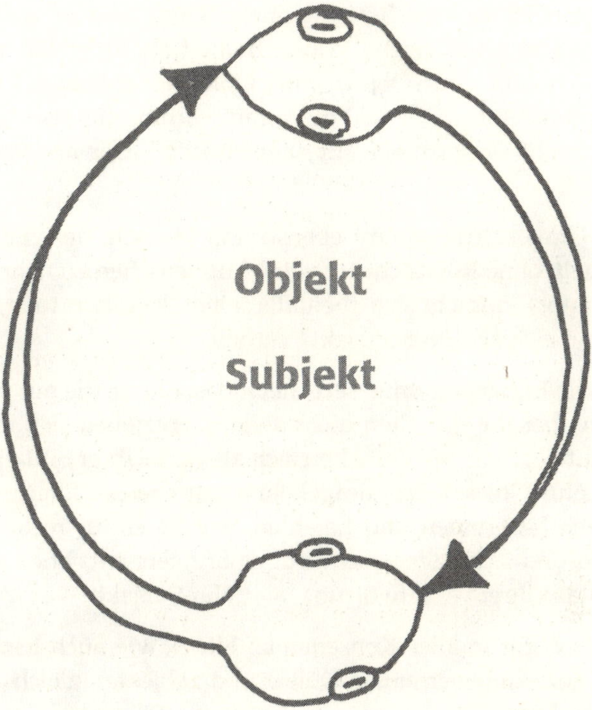

Ich ärgere mich selbst!

Der Volksmund sagt: „Ich ärgere mich." Anscheinend ärgert man sich selbst. Doch niemand ist verpflichtet zornig zu werden. Jeder könnte ebenso gut friedlich bleiben. Der Zornige aber behauptet, seine Mitmenschen würden ihn ärgern. Damit erklärt sich der Zornige abhängig von einer anderen Person (auch von seinem Kind) und er spricht sich damit seine eigene Willensfreiheit ab. Er erklärt sich nämlich zum „Nur-Objekt" zum Opfer seiner Umwelt. Der Grund ist einfach. Er will die Verantwortung für sein Handeln nicht übernehmen. Er sagt einfach: „Der andere ist schuld."

Das Umgekehrte stimmt ebenso: Ein Mensch, der einfach handelt, ohne Rücksicht auf seine Mitmenschen zu nehmen (Diktator), entzieht sich ebenfalls seiner Verantwortung, indem er sich als „Nur-Subjekt" verhält.

Auf die Erziehung umgesetzt heißt das: Eltern, die nur jammern aber ihr Verhalten nicht ändern, entziehen sich ihrer Verantwortung. Sie verhalten sich als Opfer ihrer Situation, als „Nur-Objekt". Das umgekehrte gilt ebenso: Eltern, die einfach bestimmen und befehlen, wie sie es für recht ansehen und sich selber nicht mit einbringen, entziehen sich ebenfalls ihrer Verantwortung, als „Nur-Subjekt".

Doch es gilt in aller Konsequenz: Eltern, wie auch Kinder sind gezwungenermaßen Objekt und Subjekt zugleich. Ein Beispiel dazu:

Sascha und die nassen Füsse

Sascha spielt in einem kleinen Bächlein auf der Wiese. Das Wasser hat es ihm angetan. Er spielt mit dem Wasser. (Er genießt als Subjekt). Er kommt nach Hause, weil er durchnässte Schuhe hat und friert. (Er leidet als Objekt). Die Mutter gibt ihm schimpfend trockene Schuhe und entlässt ihn mit der Mahnung, nicht mehr im Bach herum zu stapfen. (Mutter handelt als Subjekt). Nach einer Weile kommt er wieder in die Wohnung, wieder mit nassen Schuhen (als Objekt). Die Mutter schimpft (als Subjekt): „Ich hab dir doch gesagt, die Schuhe nicht mehr nass zu machen! Du gehst mir nicht mehr in den Bach, verstehst du?" (Mutter handelt als Subjekt). Sascha verspricht es hoch und heilig. Doch es vergehen keine 30 Minuten, da steht Sascha wieder mit nassen Schuhen da und friert. (Sascha leidet als Objekt). Jetzt wird Mutter laut: Sie ärgert sich über den unfolgsamen Sascha und schimpft: „Was soll man nur mit dir machen wenn du nicht gehorchst?" (Mutter leidet als Opfer, als Objekt). Sascha bleibt ruhig. Er fühlt sich als Subjekt. Er fühlt sich als Sieger. Was tun?

Ein problemorientiertes Gespräch

Nun endlich entschließt sich Mutter, Subjekt zu bleiben. Sie sagt ruhig, aber bestimmt: „Das muss aber im Bach lustig gewesen sein, dass du schon wieder nasse Schuhe hast. (Positiver Beginn ist wichtig). Schade, jetzt kann ich dir keine Schuhe mehr geben, denn die trockenen brauchen wir morgen, wenn du in den Kindergarten gehst." (Mutter handelt als Subjekt). Sascha muss als Objekt nun selber sehen, wie er ohne Schuhe existieren kann. Er muss jetzt als Objekt die Folgen seines Verhaltens tragen und als Subjekt schließlich eine eigene Lösung suchen. Am Schluss sind nun beide – Mutter und Sohn – Subjekt. Das ist wichtig, denn es soll schlussendlich keiner von beiden als Erleidender (Objekt) aus der Situation hervorgehen (kein Gesichtsverlust!).

Oder – Jeden Abend liegen Schuhe und Socken verstreut im Gang. Mutter schimpft: „Wie oft muss ich dir denn sagen, dass du die Schuhe richtig versorgen sollst." (Mutter leidet als Objekt). Statt dessen könnte Mutter ruhig und ohne Vorwurf sagen: „Ich werfe ab jetzt alle Kleidungsstücke, die herumliegen in eine Kiste. Dort kannst du sie suchen." (Mutter handelt als Subjekt). Es zeigt sich immer wieder, solches Verhalten empfinden Kinder nicht als Willkür, sondern als „Logische Folgen".

Jeder Mensch ist gleichzeitig Subjekt und Objekt.

Wenn ich mich zum gleichzeitigen Wechselspiel dieser beiden Extreme bekenne, kann ich meine dirigistische Haltung abbauen.

Die Not der Entscheidung

Wenn ich mich also dazu bekenne, Objekt und Subjekt gleichzeitig zu sein, komme ich in eine andere Schwierigkeit. Ein Beispiel soll dies deutlich machen:

Die 25-jährige Brigitte hat mit ihrer Freundin vereinbart, sich in einem Café zu einem wichtigen Gespräch zu treffen. Brigitte klagt: „Ich bin in einer verzwickten Situation und das schon zum dritten Mal. Ich lebe mit meiner asthmatischen Mutter zusammen. Meine beiden Brüder sind verheiratet und wohnen weit weg. Mein Freund lebt in Paris. Jetzt hat er mir eine tolle Stelle in Paris besorgt. Und ausgerechnet jetzt bekommt meine Mutter wieder ihre Asthmaanfälle. Sie beschwört mich, ich solle doch da bleiben. Sie meint, ich könne sie doch nicht in diesem Zustand alleine lassen. Ich aber meine, ich kann doch nicht mein Leben lang bei meiner Mutter bleiben! Ich habe doch schließlich ein Recht auf mein eigenes Leben! Aber meine beiden Brüder sagen: Weil ich noch ledig bin und mit meiner Mutter zusammenlebe, sei ich verpflichtet, bei Mutter zu bleiben. Meine Mutter beteuert dann immer, ich mache dir doch die Wäsche, ich koche für dich, ich mache alle Besorgungen für dich. Ich kontrolliere dich ja nicht. Und das alles gratis! – Schöner und billiger kannst du es nicht haben." Brigitte, schon den Tränen nahe, fragt ihre Freundin: „Was soll ich nur machen? Es ist schon zum dritten Mal, dass ich in diese Situation gerate."

In der Zwickmühle

Brigitte fühlt sich in einer Zwickmühle. Einerseits will sie ihr eigenes Leben leben. Sie möchte zu ihrem Freund und will heiraten. Andererseits hat sie Angst ihre Mutter im Stich zu lassen und womöglich an ihrem eventuellen Tod mitschuldig zu sein. Sie ist unentschlossen, weil sie beides will: den Freund in Paris und die eigene Schuldlosigkeit ihrer Mutter gegenüber. Wie müsste die Freundin auf die Entscheidungsnot von Brigitte eingehen?

Die Gefahr ist groß, dass die Freundin Brigitte mit Lösungsvorschlägen überschüttet. In diesem Fall ist anzunehmen, dass Brigitte auf keinen der Vorschläge eingehen wird, denn sie ist ambivalent. Das bedeutet, sie will beides, ihren Freund in Paris und ihre Schuldlosigkeit. Sie ist beides, Opfer und Täter. Und keines von beiden will sie sein.

Die Freundin könnte unserer Brigitte höchstens sagen: „Eigentlich sind wir alle in solchen Situationen überfordert. Wir können grundsätzlich nicht wissen, welche Entscheidung richtig ist. Das Leben zwingt uns aber, mit dem Risiko zu leben, falsch entschieden zu haben. Und trotzdem kommen wir nicht darum herum, die volle Verantwortung für unser Tun zu übernehmen."

Die Freundin beschließt das Gespräch mit folgendem Satz: „Dein Dilemma lautet: So lange du dich nicht entschieden hast, hast du dich zur Unentschiedenheit entschlossen. Und sogar die Folgen dieser Unentschlossenheit musst du wohl oder übel tragen. Das ist wirklich eine verzwickte Angelegenheit!"

4. Thema Schuld – Der Zwang zu Beschuldigung und Vergebung

Die zentrale letzte Frage ist für mich immer wieder, warum es vielen Eltern so schwer fällt, mit ihren Kindern „vorwurfsfrei" zu reden? Zunächst ein Beispiel:

Sandra und die frustrierte Mutter

Die 14-jährige Sandra, ihre Mutter und ich stehen zu dritt ihm Wohnzimmer. Mutter und Tochter haben seit längerer Zeit ernstliche Schwierigkeiten miteinander und jedes Gespräch endet mit Streit. Im Laufe unseres Gesprächs sagt die Mutter plötzlich mit Tränen in den Augen: „Wenn du nicht zu früh auf die Welt gekommen wärest, hätte ich noch fertig studieren können." Sandra steht mit offenem Mund und großen Augen wortlos da!

Der innere Groll über das abgebrochene Studium macht es der Mutter unmöglich, mit ihrer Tochter vorwurfsfrei zu reden. Jedes Mal, wenn die Mutter Sandra ansieht, wird sie bewusst oder unbewusst an ihre missglückte Karriere erinnert. Diese bisher unausgesprochene Beschuldigung Sandra gegenüber spürt das Kind. Den ständig gereizten Ton ihrer Mutter empfindet Sandra als ungerecht und verleitet sie dazu, sich an ihr zu rächen, indem sie frech zurückschlägt. Das wiederum veranlasst die Mutter, über Sandra herzufallen und ihr irgendwelche Vorwürfe zu machen. Beide Frauen haben nur einen Gesprächsstil: den vorwurfsvollen. Eine Besserung der Situation ist so nicht denkbar.

Allgegenwärtige Beschuldigungen

Wir können das Thema Schuld nicht aus unserem Leben verbannen. Schuld ist eine Tatsache und wir müssen mit ihr leben. Wenn wir die Schuldfrage nicht meistern, sind Schwierigkeiten vorprogrammiert. In unserem Erziehungsalltag werden wir dauernd mit Beschuldigungen konfrontiert. „Wer hat schon wieder das Licht brennen lassen? Wer hat das Fenster offen gelassen? Du bist jetzt schuld, wenn ich zu spät komme! Du bist selber schuld, wenn du jetzt Zahnweh hast." Auch Kinder sind schnell beim Beschuldigen. Krach im Kinderzimmer. Die Mutter kommt dazu. Wie lautet das Thema der Kinder? „Der andere ist schuld!" Beschuldigungen sind allgegenwärtig. Beschuldigen ist so alt wie die Menschheit. Schon Adam sagte: „Eva ist schuld." Wieso haben wir alle diesen magischen Zwang zur Beschuldigung in uns?

Es sind 4 Beschuldigungsarten, die uns im Alltag ständig begegnen:

1) Das Kind ist selber schuld
   Eva kommt 15 Minuten zu spät zum Essen. Ihr Teller und das Besteck sind bereits weggeräumt. Vater sagt leicht schnippisch: „Du bist selber schuld, dass du nichts mehr zu Essen bekommst."

2) Die anderen sind schuld
   Der Sohn hat in der Schule rundum nur Schwierigkeiten: Von den Kameraden wird er immer geschlagen. Der Lehrer sagt, er habe nur Dummheiten im Kopf. Die Mutter verteidigt ihn wie eine Löwin, denn sie ist überzeugt, die anderen seien schuld.

3) Die Mutter hat Schuldgefühle
   In den vier Monaten seit seiner Geburt schreit das Baby Tag und Nacht. Die Mutter kann tun, was sie will, das Baby schreit. Sie fürchtet, sie würde sich falsch verhalten und meint, sie treffe eine Schuld, sie sei eine schlechte Mutter.

4) Das Kind hat Schuldgefühle
   Die Eltern von Sabine reden öfters von Trennung. Wenn Sabine bei den Auseinandersetzungen der Eltern ihren Namen hört, bekommt sie das Gefühl, sie sei schuld, dass die Eltern sich trennen wollen.

Schuldgefühle als Druckmittel

Bei einem Mitmenschen Schuldgefühle zu erzeugen ist ein wirksames Mittel ihn unter moralischen Druck zu setzen und damit bewusst oder unbewusst über ihn Macht auszuüben. Was aber ist die Folge davon, wenn wir unsere Kinder bewusst oder unbewusst so oft beschuldigen?

Durch das ständige Beschuldigen fühlen sich unsere Kinder minderwertig, ungerecht behandelt und unverstanden. Das Kind bekommt das Gefühl, es tauge zu nichts und es sei immer schuld. Deshalb schlägt das Kind mit gleicher Waffe zurück: Es beschimpft und beschuldigt seinerseits die Eltern: „Mami, du bist gemein! Du bist böse! Du hast meinen Bruder, meine Schwester lieber als mich. Ich weiß genau, dass du mich am liebsten los haben willst“ usw.

So auch die Mutter von Sandra. Sie verspürt einen ständigen Druck, ihre Tochter zu beschuldigen. Doch sie weiß nicht, dass ihre Beschuldigungen gar nichts mit Sandra zu tun haben, sondern der Ausdruck ihrer eigenen Unzufriedenheit über das vorzeitige Abbrechen ihres Studiums ist.

Ihre persönliche Unzufriedenheit zwingt sie, andere zu beschuldigen, z.B. ihre Tochter. So lange die Mutter aber den wahren Grund ihrer inneren Unzufriedenheit bei ihrer Tochter sucht, so lange kann sie ihren Beschuldigungszwang nicht abbauen.

Erst wenn der Mutter klar geworden ist, dass der Beschuldigungszwang ihr ganz persönliches Problem ist, kann sie auf ihre ständigen Vorwürfe verzichten.

Auch Sandra kennt zunächst den Grund ihres Unwohlseins nicht. Deshalb sucht auch sie die Ursache ihrer Wut in ihrer Umgebung, beim Lehrer, bei den Mitschülern, besonders aber bei ihrer Mutter. So lange aber die Tochter den wahren Grund ihrer Aggression nur bei ihrer Mutter sucht, so lange kann sie ihren Beschuldigungszwang nicht abbauen.

Das erlösende Gespräch

Im Folgenden versuche ich ein aufbauendes Gespräch zwischen Mutter und Tochter zu notieren. Dabei ist mir bewusst, dass die beiden überfordert sind. Sie können nicht über ihren eigenen Schatten springen. Sie brauchen Hilfe von außen. Sandra ist vielleicht nach einem solchen Gespräch mit einem Erziehungsberater, Psychologen oder auch Seelsorger fähig zu sagen: „Liebe Mutter, mir ist jetzt klar, meine Frechheit gegen dich hat nichts mit dir zu tun, sondern ich bekomme in unseren Gesprächen immer das Gefühl von Ungerechtigkeit und Schuld. Das macht mich sofort wild und ich schlage zurück. Weil ich aber jetzt weiß, was dich bedrückt, will ich mich in Zukunft zurückhalten. Ich bitte Dich um Vergebung."

Die Mutter ihrerseits könnte nach einem therapeutischen Gespräch folgendes sagen: „Liebe Sandra. Mir ist jetzt klar, dass meine Gereiztheit und meine Wut nichts mit dir zu tun haben, sondern ich muss lernen, mich mit meinem Schicksal auszusöhnen. Als erstes werde ich mir vornehmen, dich nicht mehr zu beschuldigen. Ich kann dir nicht versprechen, dass ich unsere Auseinandersetzung vergessen kann. Ich verspreche dir aber, dass ich sie nie wieder gegen dich verwenden werde. Ich will mich bei dir entschuldigen, und dir vergeben, damit wir unseren inneren Frieden finden."

Am Anfang dieses Abschnitts stand die Frage, warum es vielen Eltern so schwer fällt, mit ihren Kindern „vorwurfsfrei" zu reden und wie man diesen Teufelskreis gegenseitiger Beschuldigung durchbrechen könnte. Nach einem Versöhnungsakt, wie oben beschrieben, wird es Mutter und Tochter möglich, sich vorwurfsfrei zu begegnen. Welch tragische Folgen Uneinsichtigkeit in der Schuldfrage haben können, habe ich an folgendem Beispiel erlebt:

Krach auf dem Bauernhof

Eine Bauernfamilie im Berner Oberland. Sie haben einen Sohn, der vom schulpsychologischen Dienst als durchschnittlich intelligent eingeschätzt wird. Es wird aber auch eine Hyperaktivität und leichtes POS diagnostiziert. Die Mutter ist diplomierte Krankenschwester und weiß, wie sie mit der Verhaltensauffälligkeit ihres Sohnes umgehen kann.

Der Vater hingegen hält nichts von Psychologie, Therapie und ähnlichem. Er handelt nach seinem „gesunden Menschenverstand", wie er das nennt. Seine Auffassung ist, „wenn solche Kinder noch mehr herumrennen als andere und noch frecher sind, als sogenannte „normale" Kinder, brauchen sie auch mehr Strenge und noch mehr Kontrolle. Man muss sie einfach zwingen, sich anständig zu benehmen. Denn: „Was Hänschen nicht lernt, lernt Hans nimmermehr," so argumentiert er.

Der Vater zieht seine Überzeugung mit eiserner Strenge durch. Der Mutter bleibt nichts anderes übrig, als diese Familiensituation all die Jahre hindurch zu ertragen. Schließlich kommt der Junge in die Pubertät und wächst dem Vater langsam über den Kopf. Bei einer Auseinandersetzung wirft der 14-jährige Sohn seinem Vater Holzscheite an den Kopf. Vater blutet und donnert: „Diese Frechheit wirst du mir noch schwer büßen! Der Sohn kontert: „Du bist selber schuld mit deiner idiotischen Erziehung!"

In diesem Falle geht die Geschichte leider nicht gut aus. Der Sohn kommt auf die schiefe Bahn und wird ein Schlägertyp. Die Härte und Konsequenz des Vaters zeitigt keine positive Wandlung. Der Vater verzichtet in der Folge nur deshalb auf weitere körperliche Züchtigung, weil der Sohn bereits um einiges stärker ist als sein Vater.

Es geht nicht ohne Vergebung

Ich kann dann vergeben, wenn mir klar ist, dass mein Mitmensch einfach nicht anders handeln kann, dass er wirklich nicht weiß, was er tut. Beispiel: Nehmen wir an, mein Kind habe mir weh getan oder habe mich gar geschädigt. Ich spreche mit ihm darüber und sage: „Natürlich kann ich den Vorfall nicht einfach vergessen, aber ich verspreche Dir, dass ich diesen Vorfall nie mehr gegen dich verwenden werde." – Das ist in meinen Augen Vergebung.

Den andern beschuldigen erzeugt in mir selber Verbitterung. Dadurch schade ich mir selbst. Ich vergebe nicht, weil irgendein Gott mich zwingt, sondern weil ich nur so Frieden in mir selber finde.

Im erwähnten Beispiel bleibt die Tatsache: Beide Männer sind mitschuldig an der Situation. Beide, sowohl Vater wie auch Sohn sind nicht bereit, sich in Frage zu stellen. Ohne auf die Mutter und andere Personen zu hören, zieht der Vater seine harte Linie durch. Und der Sohn merkt bald, dass er seine Hyperaktivität für sich persönlich ausnützen kann.

Auch waren beide nicht bereit, sich in einem ruhigen Moment zu entschuldigen. Natürlich waren sie außerstande, sich wie Münchhausen aus dem Sumpf zu ziehen, doch eines wäre möglich gewesen. Sie hätten von ihrem absoluten Verhalten Abstand nehmen können. Beide Männer hätten in einem therapeutischen Gespräch zu folgender Einsicht kommen können:

1. Wir beide waren überzeugt, richtig gehandelt zu haben.
2. Jetzt aber sind wir beide bereit, uns in Frage zu stellen.
3. Jetzt sind wir beide bereit, uns gegenseitig anzunehmen, wie wir sind.
4. Jetzt sind wir beide bereit, uns gegenseitig zu vergeben.

Diese Grundhaltung soll in folgendem Beispiel noch einmal deutlich gemacht werden.

Die provisorische Versetzung

Es ist Schuljahresende und die Zeugnisse sind fällig. Die 13-jährige Tochter Elena legt ihr Zeugnis stillschweigend auf den Tisch. Die Mutter schaut zufällig hinein und sieht, dass die Tochter nur provisorisch versetzt wird, mit dem Hinweis des Lehrers, dass die Erledigung der Hausaufgaben nur mangelhaft erfolgt sei. Die Mutter ist schockiert: „Aber Kind, was ist denn los? Du hast mir doch immer versprochen, dass du lernen würdest, wenn ich bei der Arbeit bin. Und jetzt diese Noten! Und dann noch dieser schriftliche Hinweis des Lehrers! Kann ich dir denn überhaupt nicht mehr trauen? Muss ich auch noch deine Schulaufgaben kontrollieren? Als ob ich nicht schon genug am Hals hätte! Wenn du in der Schule durchfällst, bist du selber schuld." Tochter Elena kontert: „Das ist mir egal. Die Hausaufgaben sind einfach blöd! Und du bist schuld, dass ich die Schulaufgaben allein machen muss." Sie rennt weinend aus dem Zimmer und Mutter bleibt ratlos zurück. Innerlich beschuldigen sich beide Frauen gegenseitig.

Woher der Drang zur Beschuldigung?

Bevor ich einen positiven Gesprächsvorschlag für die beiden Frauen notiere – hier noch einige theoretische Überlegungen:

Der moralische Leistungsdruck unserer Gesellschaft verbietet uns, Gefühle wie Wut, Unsicherheit, Erschöpfung offen zu zeigen. Deshalb verdrängt man solch ungute Gefühle und schiebt sie von sich weg. Wir hätten gerne, dass die Ursache unseres Unwohlseins außerhalb von uns liegt. Darum machen wir unsere Umgebung, unsere Mitmenschen, und vor allem unsere Kinder für unser Unwohlsein verantwortlich, resp. projizieren wir dieses Unwohlsein auf unsere Kinder. Bei jemandem Schuldgefühle zu erzeugen ist ein wirksames Mittel, ihn unter Druck zu setzen, also bewusst oder unbewusst Macht auszuüben.

Wenn mir klar ist, dass die Aggression oder Lethargie meines Gegenübers Ausdruck seiner eigenen Notsituation ist und dass er sich nicht anders zu helfen weiß oder gar die Folgen seines Handelns nicht erkennen kann, wird es mir möglich, meinen Beschuldigungszwang abzubauen. Das heißt, ich kann meinen Mitmenschen, mein Kind annehmen, wie es ist. Ich kann ihm vergeben.

Die Umkehrung gilt auch: Mein Drang, einen Mitmenschen oder mein Kind zu beschuldigen, hat gar nichts mit diesen zu tun, sondern ist Ausdruck meiner eigenen Unzufriedenheit, meiner eigenen Notsituation. Auf Grund dieser Erkenntnis fällt es mir leichter, mein Gegenüber um Vergebung zu bitten.

Doch kommen wir zurück zu Elena: Wir erinnern uns: Elena hat Mühe mit den Schulaufgaben. Sie hat das Zimmer wütend verlassen und Mutter sitzt hilflos da. Nachdem sich die Emotionen der beiden Frauen gelegt haben, entschließt sich die Mutter, das unangenehme Thema anzusprechen: „Elena, ich bin enttäuscht von dir. Du hast mir versprochen, die Aufgaben allein zu machen. Und nun das! Das ist ein Vertrauensbruch. Ich schufte, dass wir Geld haben und du machst es dir zu Hause bequem und stierst nur noch in den Fernseher." Die Tochter kontert: „Wenn du nicht da bist, stinkt es mir grausam und wenn du da bist, redest du nur noch vom Geschäft. Du hast überhaupt keine Zeit mehr für mich. Ich bin dir anscheinend völlig egal. Darum ist es mir auch egal, ob die Aufgaben gemacht sind, oder nicht."

Diese Art der Gesprächsführung ist zwar sehr verständlich, aber völlig wirkungslos, denn es kommen hier eine Reihe negativ wirkender Aspekte vor.

Das wirksame Gespräch danach

Nach dem ersten Schreck könnte ein wirksames „Gespräch danach" ungefähr so ablaufen: „Ich bin erstaunt und enttäuscht, dass du so schlechte Noten heim bringst. Du hast mit irgend etwas Schwierigkeiten. Möglicherweise fällt es dir schwer, so ganz allein jeden Tag Aufgaben zu machen. Das ist auch schwierig. Du nimmst dir bestimmt jeden Tag vor, zuerst alle Schulaufgaben zu machen und erst dann den Fernseher anzuschalten, aber es gelingt dir einfach nicht. Wir haben wohl beide die Anforderung unterschätzt. Ich spüre den Vorwurf von dir, du wärest mir egal. Diese Aussage beschäftigt mich sehr. Ich will dir sagen warum.

Ich bin in einer verzwickten Situation. Einerseits ist es für mich sehr wichtig, wieder in meinem Beruf arbeiten zu können. Zudem haben wir das Geld dringend nötig. Andererseits bist du mir genau so wichtig. Ich bin stolz auf dich, dass du schon so selbständig bist. Ich möchte, dass unsere Situation auch für dich stimmt und du dein Aufgabenproblem lösen kannst. Was können wir tun, dass die Situation für uns beide stimmt?"

Auf diese ungewohnt positive Rede der Mutter findet auch Elena den Mut, ihre Bedürfnisse zu äußern. Sie sagt: „Ich möchte gerne, dass du nicht mehr schimpfst mit mir und ich dir sagen darf, welche Aufgaben ich habe. Du darfst mich nachmittags einmal aus dem Geschäft anrufen und mich kontrollieren, aber bitte nicht schimpfen." Darauf sagt Mutter. „Ich habe eine Idee: Wir werden in unserer Agenda wöchentlich einmal eine Stunde einplanen, in der wir beide ganz allein etwas miteinander machen." Elena: „Das ist eine gute Idee". Nach einer Pause: „Es tut mir leid, dass ich dich immer so angefaucht habe, denn ich weiß jetzt, wie dir zu Mute ist." Und Mutter: „Ich werde mich üben, nicht mehr mit dir zu schimpfen. Denn jetzt weiß ich, dass meine Gereiztheit gar nichts mit dir zu tun hat, sondern meiner eigenen Situation entspringt."

Auf diese Weise haben sich beide Frauen gegenseitig vergeben und einen neuen Anfang wagen können. Diese Gesprächsbeschreibung klingt vielleicht etwas idealistisch, aber nach einigem Üben wird sich der Erfolg einstellen!

Den Zwang zur Beschuldigung kann ich abbauen, wenn ich mir stets vor Augen halte, dass die Aggression oder Lethargie des andern gar nicht gegen mich gerichtet ist, sondern sein eigenes Problem signalisiert.

Kapitel III

Übung macht den Meister: Anwendung der POG-Methode im Alltag

Wer das Grundsätzliche des niederlagelosen Umgangstils verstanden und gutgeheißen hat, wird dennoch im Alltag immer wieder ratlos vor einer neuen Situation stehen, in der er sich fragt, was soll ich jetzt machen, wie soll mich verhalten, wie reagieren? Da hilft nur üben. Fehler dürfen gemacht werden. Aus Fehlern lernt man. Doch je mehr Übung ich im richtigen Umgang mit dieser Methode gewonnen habe, desto erfolgreicher werde ich in der Anwendung. Darum werden hier noch ein paar konkrete Situationen vorgestellt, die aus dem Alltag gegriffen sind, an denen immer wieder deutlich wird, wie „es geht".

1. Schwierige Familienbesprechung
(Lösungen – Bedürfnisse)

Wanderferien in den Dolomiten, oder wenn jeder wo anders hin will und wie man gegensätzliche Lösungsvorschläge unter einen Hut bringt.

Beim sonntäglichen Mittagessen eröffnet der Vater seiner Familie folgendes: „Ich habe mich in den letzten Wochen eingehend mit unseren Ferien beschäftigt und jede Menge Prospekte gesammelt und studiert. Nach abwägen von Vor- und Nachteilen hat sich als beste und günstigste Lösung folgende Variante ergeben: Wir fahren nach Tirol, in die Dolomiten und machen Wanderferien."

Allgemeines Geraune der Jungmannschaft: „Geht's noch – du hast wohl nicht alle Tassen im Schrank! Was fällt dir denn ein? – Ohne zu fragen einfach über uns zu bestimmen. Und dann – ans Ende der Welt! Kein Mensch weiß, wo die Dolomiten überhaupt sind – KNIF!" (Kommt nicht in Frage).

Nachdem sich die erste Aufregung gelegt hat, fragt Vater: „Ja, was wollt ihr denn?“ Die Tochter wie aus der Kanone geschossen: „Ich will nach Rimini, Badeferien machen.“ Der Sohn greift nach: „Ich will mit meinem Freund und seinem Motorrad nach Norwegen und dort Abenteuerferien machen.“ Und die Mutter resümiert: „Wenn überhaupt Ferien, dann im Hotel.“ Darauf Vater: „Und was ist mit mir? An mich denkt keiner! Wann kann ich endlich mal meine Gebirgstour machen, auf die ich mich schon so lange freue?“

Alle reden durcheinander, die Gesprächsbeiträge werden hitzig. Wortlos steht einer nach dem andern auf und verschwindet. Vater bleibt alleine sitzen und sinniert vor sich hin: „Was ist da zu machen? Wie bringe ich all die Spezialwünsche meiner Familie unter einen Hut?“ Die Situation scheint unlösbar, denn jeder will woanders hin. Jeder findet seine Lösung die beste.

Vater wiederholt noch einmal kurz: Sohn nach Norwegen, Tochter nach Rimini, Mutter im Hotel, Vater in die Dolomiten. Jeder beharrt auf seinem Vorschlag. Was ist da zu tun?

Verunglückte Familienbesprechung

Da entschließt sich der Vater, eine **„Familienbesprechung“** zu versuchen. Am Sonntagabend bittet er alle noch einmal, sich zusammenzusetzen, um das leidige Ferienproblem zu lösen. Vater weiß, **Familienbesprechungen** gelingen dann, wenn man die Lösungen in Bedürfnisse zurückverwandelt. Denn Lösungen sind hart, unbeweglich, jeder verteidigt seine eigene Lösung und ist unnachgiebig. Hingegen sind bei Bedürfnissen eine ganze Reihe von Varianten möglich. Auf unser Beispiel angewendet, würde das so aussehen:

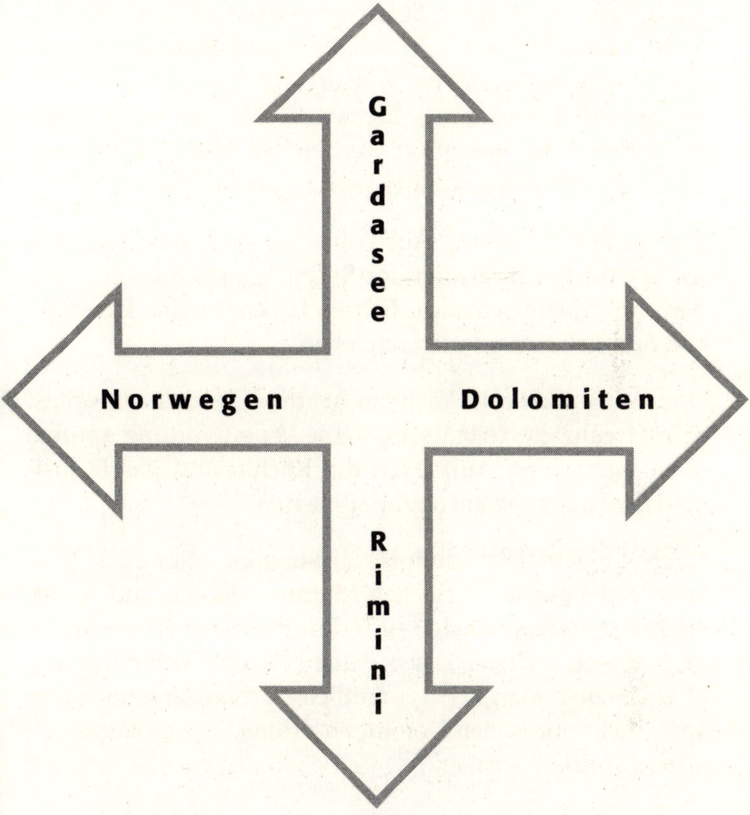

Ferien wohin?

Lösungen in Bedürfnisse zurückverwandeln:

Vater verwandelt jetzt diese Lösungen zurück in Bedürfnisse: Zum Sohn sagt er: „Du willst also nicht ganz brav mit der Familie beschauliche Spaziergänge machen. Du willst Neues und Unbekanntes kennen lernen und nicht durch die Eltern darin gehindert werden. Du möchtest frei sein und frei entscheiden können, wo du gerade hin willst."

Zur Tochter sagt Vater: „Auch du willst auf keinen Fall langweilige Kultur-Besichtigungs-Spaziergänge machen. Sondern am Abend willst du Betrieb haben, in eine Disco gehen und Bekanntschaften schließen."

Und schließlich sagt Vater zu Mutter: „Und du möchtest einmal ganz du selbst sein, keine Verantwortung spüren, nicht immer den Aufpasser, die Köchin und das Dienstmädchen der ganzen Familie spielen müssen."

Nach einigem Hin- und Herdiskutieren zeigt sich: Man kann nicht nur in Norwegen Motorrad fahren und Neues erleben. Man kann nicht nur in Rimini an der Sonne liegen und abends in eine Disco gehen. Es gibt nicht nur **ein** Hotel, in dem man sich's gemütlich machen kann und Vater kann nicht nur in den Dolomiten prüfen, was er körperlich noch zu leisten vermag.

Resultat der Besprechung

So einigt sich die Familie auf Folgendes: Man bezieht am Gardasee zwei Hotelzimmer. Die Tochter frönt ihrem Hobby am Gardasee. Der Sohn macht eine strapazenreiche Motorradfahrt quer durch Jugoslawien. Vater macht eine 3-tägige Tour in die Berge. Und Mutter hat 3 Tage wohlverdiente Ruhe. Das Ausschwärmen in alle Himmelsrichtungen kann natürlich wiederholt werden.

Kommentar

Wie eine **„Familienbesprechung"** positive Wirkung zeigt:
- Die Kinder werden auf die gleiche Ebene der Eltern genommen,
- sie fühlen sich dadurch ernstgenommen,
- sie dürfen allen Blödsinn, jede Verrücktheit sagen,
- sie finden die Übung lustig, wenn sie lachen können.
- Niemand wird ausgelacht, oder zurechtgewiesen. Nur lachen wird toleriert.

Die vier Schritte zur erfolgreichen Familienbesprechung

1. Bedürfnisse aller Beteiligten erkennen und verbalisieren
2. Ideen wertfrei sammeln
3. Ideen erst jetzt bewerten
4. Sich für eine Lösung entscheiden

2. Kleider machen Leute

(Werte / Bedürfnisse)

Wie vermittle ich den Kindern meine Wertvorstellungen, ohne sie zu bevormunden? Oder – Wie man unwirksame Lösungsvorschläge auf die zugrunde liegenden Bedürfnisse zurückführen kann.

Wir führen ja nicht nur Gespräche über Essgewohnheiten, Abwaschdienst, Ordnung, Mittagsschläfchen und Zeitunglesen, sondern auch über Gleichberechtigung, Demokratie, Sinn des Lebens, Gerechtigkeit, Religion und den Moralbegriff der Kopfjäger.

Erstaunlich ist nun, dass man bei solchen, oft abstrakten Themen ganz gehörig ins Streiten geraten kann. Woran mag das liegen? Warum eigentlich will der eine Mensch einen anderen Menschen von seinen Ansichten überzeugen? Warum wünschen Eltern, dass ihre Kinder die gleichen Auffassungen über Religion haben? Warum streitet man sich um Modeströmungen, Musikstil und vieles mehr? Ein Mensch hat ja aus der Bekehrung des anderen weder Vor- noch Nachteile.

Sehr oft haben Eltern die größten Schwierigkeiten, ihre Kinder von ihren Wertvorstellungen zu überzeugen. Nun ist zwar das Vorhaben der Eltern, ihren Kindern Wertvorstellungen zu vermitteln, legitim und sinnvoll. Die Frage ist nur: Wie kann ich einem Mitmenschen meine Wertvorstellungen wirksam vermitteln, ohne ihn zu bevormunden?

Hier ein Beispiel:
Seit der 17-jährige Xaver in der Lehre ist, wohnt er nicht mehr zu Hause. Die Eltern laden ihn zu einem Konzert ein, was der Sohn gerne annimmt. Pünktlich um die verabredete Zeit läutet es an der Wohnungstür. Als Vater die Tür öffnet, trifft ihn fast der Schlag. Xaver steht da mit gelb und rot gefärbten Haaren, einer alten Lederjacke mit einem Totenkopf und zerschlissenen Jeans. Vater ruft entsetzt: „Aber du willst doch nicht so ins Konzert!“ – Der Sohn: „Warum denn nicht?“ Offensichtlich haben die beiden Männer unterschiedliche Wertvorstellungen in Bezug auf den Konzertbesuch.

Wenn ich bei Wertediskussionen plötzlich nicht mehr ruhig und sachlich reden kann und unvermittelt Emotionen spürbar werden, so ist dies ein Hinweis darauf, dass hinter meinen „Werten" starke, unbefriedigte Bedürfnisse verborgen liegen und ich habe insgeheim Angst, diese nicht mehr befriedigen zu können. Positiv gesagt: Feste Werte können mir die Sicherheit, ja die Gewissheit geben, dass ich meine Bedürfnisse abdecken kann. Über Wertvorstellungen zu diskutieren ist nur dann sinnvoll, wenn ich zu mir und meinen Bedürfnissen stehen kann. Nur wenn ich Bedürfnisse auch formuliere, wird es mir gelingen, meinen Mitmenschen zu vermitteln, was mir wichtig ist.

Der Mensch legt sich Werte zu in der Hoffnung, mit ihnen besser leben zu können. Letztlich geht es um die Frage: „Wie müsste ich leben, um am Ende sagen zu können, es war gut?" Wertediskussionen führen immer wieder zu Streit, weil die Kinder Dinge unternehmen, die wir nicht gutheißen können.

Kommentar

Wertbeeinflussendes Gespräch

Auf folgende Weise kann ich beeinflussen:

1) Aktiv zuhören und dem andern versichern, dass ich ihn verstanden habe.
2) Vorteile seiner Wertvorstellung anerkennen und auch formulieren.
3) Den Gefühlswert der anderen Auffassung umschreiben, wie Angst, Freude etc.

Wenn ich sicher bin, dass sich der andere verstanden fühlt, werde ich „meine" Überzeugung in eben diesen drei Schritten vorbringen.

Nämlich:

1) Ich werde darauf hinarbeiten, dass der andere mich wirklich versteht.
2) Ich werde die Vorteile „meiner“ Wertvorstellung herausstreichen.
3) Ich werde den Gefühlswert meiner Überzeugung herausstreichen wie Angst, Freude, Begeisterung, Überzeugung, Aufgewühltheit etc.

Spielen wir die Szene nochmals durch:
Seit der 17-jährige Xaver in der Lehre ist, wohnt er nicht mehr zu Hause. Vater lädt ihn zu einem Konzert ein, was der Sohn gerne annimmt. Pünktlich um die verabredete Zeit läutet er an der Wohnungstür. Als Vater die Türe öffnet, trifft ihn fast der Schlag. Xaver steht da mit gelb und rot gefärbten Haaren, einer alten Lederjacke mit einem Totenkopf und zerschlissenen Jeans. Vater ruft entsetzt: „Aber du willst doch nicht so ins Konzert?“ Der Sohn: „Warum nicht?“ Vater: „Wenn ich so neben dir sitzen werde, geniere ich mich bis in den Boden hinein.“

„Lass uns zuerst einmal reingehen und uns hinsetzen. Offensichtlich ist bei dir in den letzten paar Wochen einiges passiert.“ Sohn: „Genau. Wir haben zu fünft eine Band gegründet und spielen harten Rock und wir ziehen uns alle gleich an. In dieser Kluft gehören wir alle zusammen.“ Vater: „Du willst dich also absetzen von uns Eltern.“ Sohn: „Ja, genau! Ich bin jetzt erwachsen!“

Vater: „Jetzt wird mir mit einem Schlag klar, dass dieses Verhalten gegen mich gerichtet ist. So lange du bei uns gewohnt hat, so lange du deine Beine unter unserem Tisch hattest, musstest du gehorchen und anziehen, was dir Mutter hingelegt hat. Du fühltest dich wie ein kleines Kind behandelt. Seit du aber in der Lehre bist, habe ich keinen Einfluss mehr auf dich. Ich muss einsehen, dass ich jetzt machtlos bin."

Pause.

Vater: „Lieber Xaver, das ist ein harter Schlag für mich. Ich bin aber bereit, meine Lektion daraus zu ziehen. Ich will ab heute mit dir als einem erwachsenen Menschen umgehen. Was aber machen wir mit dem Konzert? Wir geben beide nicht nach. Keiner von uns beiden will verlieren.

Schweigen.

Da hat Vater eine Idee. Er sagt: „Du geht jetzt alleine ins Konzert und ich bleibe zu Hause. Die Eintrittskarte ist halt verfallen. Das schmerzt mich sehr. Ich rahme sie jetzt ein und hänge sie als Symbol dieses denkwürdigen Datums deines Erwachsenwerdens an die Wand." So geschah es denn auch. Wichtig: Es ist nötig, dass in solchen Situationen die Eltern einen gewissen Nachteil mit in Kauf nehmen, denn damit ist den Kindern bewiesen, dass es den Eltern wirklich ernst ist.

Oft werden Werte vorgeschoben, um Bedürfnisse nicht formulieren zu müssen. Eine Wertediskussion wird erst sinnvoll, wenn auf der Bedürfnisebene Klarheit herrscht.

3. Konrad und das Skifahren
(vorwurfsfreie Rede)

Wie man durch Vorurteile einem Kind unrecht tun kann, und sich selbst damit um den eigenen Erfolg bringt.

Das Verhalten von Konrad, ca. 11-jährig, wird immer auffälliger, immer aggressiver. Deshalb entschließt sich die Mutter, einen Psychologen oder eine Psychologin um Rat zu fragen.

Sie sitzt jetzt zusammen mit Konrad dem Psychologen gegenüber. Er fragt „Was ist denn an Konrad auffällig?" Die Mutter sagt: „Am besten kann ich Ihnen das am Beispiel eines Sonntagsausflugs erklären. Es ist immer das gleiche Drama mit dem Kerl.

Ich habe schon alles vorbereitet. Wir tragen Essen, Kleider, Skier zum Auto. Doch Konrad macht uns ganz nervös. Er rennt immer hin und her. Schnappt sich irgendeine Tasche, schleppt sie zum Auto, aber dann stellt er sie in den nassen Rinnstein. Ich sage: „Siehst du nicht, dass es da nass ist?" Dann läuft er gelangweilt weg und fragt: „Wann fahren wir denn endlich ab?" Jetzt holt er seine neuen Skier, die wir erst am Vortag gekauft haben. Er legt sie auf den Boden, zieht die Skier an und rutscht damit über den harten Granit-Randstein. Mein Mann, über das Autodach schauend, ruft: „Bist du denn wahnsinnig! Neue Skier und schon verkratzt!" Konrad schnauzt zurück: „Ich muss doch die Bindung ausprobieren, oben im Schnee geht das nicht gut." – Mein Mann ruft: „Aber doch nicht so! Schau dir jetzt einmal den Belag an: Er ist total verkratzt!" Konrad: „Das ist mir doch egal, die fahren mit den Kratzern noch genauso gut." Mein Mann, kurz vor der Explosion: „Genauso gut, genauso gut! Du ziehst jetzt sofort deine Skier ab und zwar plötzlich!" Konrad gehorcht murrend und schaut aufreizend gelangweilt zu, wie Vater die Dinger auf den Gepäckträger schnallt.

Weil Konrad gelangweilt herumsteht, sage ich: „Stell jetzt endlich die Taschen ins Auto." Konrad packt sie an den Henkeln und wuchtet sie mit Schwung auf den hinteren Sitz. Ich: „Halt, doch nicht so! Die Thermosflaschen gehen doch kaputt. Stell bitte die Flaschen anständig hin. – So, siehst du!" – Konrad sieht zu, wie ich in gebückter Haltung den Kopf im Auto, die Taschen richtig platziere. Aber er lehnt sich dabei gelangweilt an die Autotüre.

Plötzlich dreht sich Konrad um und fährt seiner kleinen Schwester mit dem Ellbogen so ins Gesicht, dass sie umfällt. – Ein Geschrei! Während ich der Kleinen die Tränen trockne, setzt sich Konrad ins Auto und ruft: „Wann fahren wir endlich ab?" Schließlich sitzen wir alle völlig entnervt im Auto. Ich frage: „Haben alle ihre Handschuhe?" Allgemeines „Jaaa!" Ich frage Konrad: „Wo hast du deinen zweiten Handschuh?" Konrad: „Das weiß ich nicht."

Alle steigen wieder aus und suchen unter Taschen und Sitzen den zweiten Handschuh. Endlich sitzen wieder alle. Ich, natürlich allzeit umsichtig: „Und deine Sonnenbrille, wo hast du die?" „In der Wohnung!" Mit einem Stoßseufzer zum Himmel steige ich aus und hole die Brille. Und in den Autositz fallend kann ich nur noch sagen: „Und ihr glaubt wohl, ich könne heute einen angenehmen Sonntag genießen?" Jetzt kommt Mutter erst so richtig in Fahrt und noch bevor der Psychologe seine Untersuchung beginnt, ist Konrad bereits moralisch verurteilt.

Welcher Art auch immer die Fehler von Konrad sein mögen, er hat das Recht, fair behandelt zu werden. Das bedeutet, dass die Situation zwar genau und treffend, aber neutral und vorwurfsfrei geschildert werden sollte.

Bevor ich also ein Werturteil abgebe, beobachte ich das Verhalten meines Kindes und bilde mir erst nachher ein Werturteil. So bewahre ich mich davor, meinem Kind Unrecht zu tun.

Konrad und das Skifahren, vorwurfsfrei formuliert

Es geht zum Skifahren. Mutter hat schon für alles vorgesorgt: Thermosflaschen, Picknick, Kleider, Handschuhe, Sonnenbrille, Heftpflaster und vieles mehr. Auch die neu gekauften Skier liegen bereit. Konrad bittet Vater um den Autoschlüssel. Er rennt zum Auto und schließt es auf. Er fragt den Papa: „Wie lange geht es noch, bis ich auf den Skiern stehe?" Er findet im Gang zwei Taschen und trägt sie zum Auto. Er stellt sie in den nassen Rinnstein. Die Taschen werden unten nass. Konrad rennt ein zweites mal ins Haus und holt seine Skier. Er legt sie auf den Boden, zieht sie an und rutscht mit den Skiern über den Rinnstein. Weil die Eltern schimpfen, zieht Konrad die Skier wieder ab und gibt sie dem Papa. Dann schaut er zu, wie dieser die Skier auf dem Autodach befestigt. Er macht dazu eine böse Miene. Auf Befehl seiner Mama packt er zwei Taschen an den Henkeln und wuchtet sie mit Schwung auf den hinteren Sitz. Er sieht zu, wie die Mama sich ins Auto beugt und die Taschen anders platziert. Plötzlich dreht sich Konrad um und trifft seine kleine Schwester mit dem Ellbogen im Gesicht. Die Kleine fällt um. Während Mama dem Mädchen die Tränen abwischt, setzt sich Konrad ins Auto und ruft: „Wann fahren wir endlich ab?" Auf die Frage von Mama, wo er seinen zweiten Handschuh habe, antwortet Konrad: „Ich weiß es nicht."

Kommentar

„Wirksam"

Meine Rede wird wirksam, wenn wenigstens der erste Satz des Gesprächs ohne Vorwurf formuliert ist. Das gelingt mir, wenn ich zunächst das Verhalten des Kindes „wertfrei", also ohne Vorwürfe schildere.

„Verhalten"

Würde ich die Autopackerei filmen, so wäre das, was ich auf den Film bekomme, „dokumentiertes Verhalten", Bild und Ton ohne meinen Kommentar.

„Werten"

Alles was darüber hinaus geht, ist schon Bewertung seines Verhaltens, z. B. Freude, Ärger, Frust, Begeisterung etc. Beispiele: Ich sehe, Konrad rennt um das Auto herum und wieder zurück. Ich folgere: Konrad ist aufgeregt. Oder ich höre den Satz: „Wann fahren wir endlich ab?" Ich folgere: Konrad kann es kaum erwarten.

Der Psychologe weiß jetzt Bescheid, wie es um Konrad steht, ohne dass dieser schlecht gemacht worden ist. Diese Art der Gesprächseröffnung erhöht bei Konrad die Bereitschaft, sich auf einen Prozess einzulassen.

**Meine Rede wird in dem Maß wirksam,
in dem sie vorwurfslos ist.
Sie wird vorwurfslos, wenn ich
das „Verhalten" des Kindes schildere,
ohne es zu bewerten.**

4. Zirkus Knie
(Starke Ich-Botschaft)

Der Vater hat sich extra einen Nachmittag frei genommen, um mit der 5-jährigen Monika und dem 7-jährigen Markus in den Zirkus zu gehen. Die Kinder staunen und lachen. Sie bekommen Wurst mit Pommes-Frites und später noch ein Eis und dann noch einen Luftballon und zum Schluss sogar noch eine Clown-Puppe. Kurz – mehr der Herrlichkeiten ist kaum möglich.

Doch dann kommt es, wie es kommen muss: Auf der Straße beginnen die beiden zu streiten, ein Hin- und Hergehacke. Und dies mitten auf einem belebten Platz. Beim Einsteigen in die Straßenbahn gibt es ein riesiges Gerangel, denn Markus sieht plötzlich einen Pizzastand und ruft: „Ich will eine Pizza!" Vater: „Du hast doch schon einen vollen Bauch!" Markus hart: „Nein, ich habe Hunger!" Der Papa muss aus der wartenden Bahn aussteigen, denn Markus setzt sich auf den Boden und schreit unentwegt: „Ich will jetzt eine Pizza, ich will eine Pizza!" Eine peinliche Situation!

Wie muss sich Papa verhalten, dass er einerseits nicht „Aktive Macht" einsetzen muss und andererseits nicht als „Verlierer" da steht? Er setzt hier die sogenannte „Starke Ich-Botschaft" ein. Darunter verstehe ich eine „Ich-Botschaft", in welcher es um die existentiellen Gefühle von Papa geht. Er erklärt darin seine Notsituation und den dazu gefassten Entschluss. Papa sagt: „Wir hatten einen so schönen Nachmittag und ihr habt alles bekommen, was ihr wolltet. Ich habe euch ernst genommen. Und jetzt dieser Streit. Ich fühle mich von euch nicht ernst genommen. Mir ist die Lust ganz und gar vergangen. Ich mag nichts mehr hören. Ich will mich beim Tramfahren auch nicht nochmals blamieren.

Ich habe mich entschlossen, wir gehen jetzt zu Fuß heim (ca. 30 Minuten) und zwar schweigend!"

Papa hat's gesagt und läuft wortlos weiter. Monika und Markus bleiben stehen und heulen vor sich hin. Als er um die nächste Hausecke biegt, kommt Bewegung in die Kinder. Sie rennen dem Papa hinterher. Schweigend machen sich die drei auf den Heimweg. Papa hat also mit „passiver Macht" reagiert. Beim Gutnachtsagen fragt Vater: „Was können wir das nächste Mal machen, damit ein so schöner Tag nicht so unerfreulich endet?"

Kommentar

In solchen Situationen ist es wichtig, dass Eltern mit passiver Macht reagieren, auch wenn sie gewisse Nachteile in Kauf nehmen. Nur so begreifen die Kinder, dass die Eltern es ganz ernst meinen.

Ich-Botschaft

Die Bezeichnung Ich-Botschaft bedeutet, dass ich nur von meiner Person, von meinen Schwierigkeiten, von meinen Gefühlen rede. Ich bleibe dabei ganz bei mir. Ich verlange vom anderen nichts.

Meine Ich-Botschaft ist also wirksam, weil ich ausschließlich von meinen Bedürfnissen und meinen Problemen rede.

Starke Ich-Botschaft

Bei einer „Starken Ich-Botschaft" spürt das Kind die Gefühlslage der Eltern, deshalb fällt es ihm schwerer, schnodderig zu reagieren.

Missbrauch einer „Starken Ich-Botschaft"

Setze ich das Kind moralisch unter Druck, verbirgt sich hinter der starken I-Bo eine dirigistische Grundhaltung. Die „starke I-Bo tut ihre Wirkung nur, wenn sie in der „verstehenden Grundhaltung" formuliert wird. So führt sie zu Offenheit zwischen zwei gleichwertigen Partnern.

Schnodderiges Zurückmaulen

Kinder üben sich in fadenscheinigen Argumenten, die das Gespräch endlos hinausziehen und zuletzt bleiben sie Sieger.

Einem Kind fällt es schwerer,
schnodderig und frech zu reagieren,
wenn ich ihm meine tiefere,
existentielle Not schildere.
Es kann meine Lage besser verstehen,
wenn ich ihm meine Gefühle mitteile.
Dies geschieht in der
„Starken Ich-Botschaft".

5. Stefan und die Schulaufgaben

(Aktiv Zuhören – Bedürfnis)

Warum Stefan so Mühe mit den Französischaufgaben hat und wie seine Mutter mit ihm reden müsste, damit er die Aufgaben selbständig macht.

Der 11-jährige Stefan hat Schwierigkeiten mit den Französischaufgaben: „Jeden Tag die blöde Wörter-Paukerei"! Doch die Mutter sieht dies anders: „Die Aufgaben müssen einfach gemacht werden, gern oder nicht gern." Alle zehn Minuten kommt sie und fragt: „Bist du schon fertig? So mach nun endlich, reiß dich etwas zusammen, dann hast du sie in 15 Minuten fertig. In einer halben Stunde kommt Papa heim. Wenn du dann nicht fertig bist, gibt's wieder Stunk. Aber um 19 Uhr sind sie fertig, verstanden!"

Die Mutter versucht es mit Zuckerbrot und Peitsche, mit gut zureden, mit Belohnung, mit Strafe mit liebevollem Erklären. Nichts nützt. So wie Stefan Schwierigkeiten mit den Aufgaben hat, so hat Mutter Schwierigkeiten mit Stefan. Die Mutter ist ratlos. „Wo soll das bloß enden, wenn Stefan keine Aufgaben macht. Und nur wegen der verflixten Schulaufgaben wird er nicht ins Gymnasium kommen. Ich weiß mir nicht mehr zu helfen".

Kommentar

Warum ist Mutters Verhalten so wirkungslos? Sie interessiert sich nur für die Aufgaben und nicht, wie's im Innern von Stefan aussieht. Dieser fühlt sich fremdbestimmt und unverstanden. Deshalb legt sich Stefan quer und blockiert. Alles Zureden bringt nichts, denn die Änderungsbereitschaft eines Kindes beginnt in dem Maß, in dem es sich verstanden fühlt. Es fühlt sich verstanden, wenn man ihm „aktiv zuhört" und seine Bedürfnisse erfasst. Beispiele:

- Dir stinkt es grausam, die Französischaufgaben zu machen, weil du lieber spielen möchtest.
- Du weißt nicht, wozu du Französisch im Leben brauchen kannst und jetzt so viel Einsatz leisten musst.
- Am PC spielen ist viel interessanter, da muss man ja auch denken.

Nach solchen „Gesprächsöffnern" wird es möglich, mit dem Kind vernünftig über seine Schwierigkeiten zu reden.

**Die Änderungsbereitschaft des Kindes beginnt dann, wenn es sich verstanden fühlt.
Es fühlt sich verstanden, wenn ich sein Bedürfnis erfasst habe.
Das erreiche ich durch „aktives Zuhören".**

6. Der Hamster (POG-Methode)

Peter wünscht sich seit langem sehnlichst einen Hamster. Vor einem Monat hat er endlich einen geschenkt bekommen. Am Anfang geht alles gut. Peter pflegt das Tier vorbildlich. Doch immer häufiger vergisst Peter, seinen Hamster zu füttern.

Die Eltern versuchen langsam Druck zu machen, etwa mit folgenden Sätzen: „Du wolltest ja diesen Hamster unbedingt. Jetzt musst du ihn auch pflegen. Du denkst wohl, Mami wird es schon machen. Was würdest du denken, wenn ich dir nichts zu essen geben würde? Wenn du in den nächsten Tagen das Tier nicht anständig pflegst, kommt es weg!" Dies und noch vieles mehr können Eltern in diesem Stil sagen.

Nichts nützt. Zu allerletzt versuchen die Eltern das Thema problemorientiert zu besprechen. Weil sie noch unsicher sind, schreiben sie sich die wichtigsten Sätze vor dem Gespräch auf. Die Eltern wissen bereits, dass es in einem Konflikt zwei Problemkreise gibt. Sie und das Kind haben nämlich je ihren eigenen Problemkreis, den es mit *einerseits/andererseits* auszuloten gilt. Vater sagt: „Du möchtest gerne etwas Lebendiges haben, etwas zum Streicheln und Schmusen und ähnliches." Peter sagt: „Ja, genau!" Nun sagt Mutter: „Du hast aber folgendes **Problem**: *Einerseits* möchtest du ein Tier und daran Freude haben. *Einerseits* hast du dich wirklich um den Hamster gekümmert, aber *andererseits* wird es dir langsam zu mühsam, jeden Tag, bei jedem Wetter und immer wieder Nahrung und Wasser für den Hamster zu besorgen und den Käfig zu putzen." Peter schweigt nachdenklich.

Nach einer Pause sagt Vater: „Wir Eltern bekommen jetzt auch ein **Problem**: *Einerseits* gönnen wir dir das Tier, *einerseits* ist Mutter auch bereit, hie und da Futter zu besorgen. *Andererseits* bekommen wir langsam den Eindruck, du machst es dir allzu leicht und Mutter fühlt sich langsam als Dienstmädchen. Was können wir machen, dass du den Hamster behalten kannst und wir nicht immer deine Hamsterarbeiten erledigen müssen?"

Peter wird nicht sofort Vorschläge machen, deshalb müssen die Eltern die Frage jeden Tag wiederholen, bis Peter einschwenkt.

Kommentar

Nachdem wir das Gespräch mit Peter positiv mit „aktiv zuhören" und „Bedürfnis-Abklärung" begonnen haben, suchen wir nun in der Hamstergeschichte das eigentliche Problem.

Grundsätzlich hat jede Partei (Peter, Eltern) ihr eigenes Problem. Den Begriff „Problem" verbinde ich grundsätzlich mit *„einerseits/andererseits"*. Auf unsere Geschichte bezogen:

a) Peters Problem lautet: *Einerseits* will er unbedingt ein Tier. *Andererseits* wird für ihn die tägliche Pflege immer mühsamer.

b) Das Problem der Eltern lautet: *Einerseits* gönnen sie dem Kind den Hamster. *Andererseits* möchten sie nicht immer Peters Arbeit verrichten.

Die Schlussfrage ist immer die gleiche: „Was können wir machen, dass du den Hamster behalten kannst, und wir Eltern nicht deine Arbeit machen müssen?"

Je besser das Kind seine Problemstellung versteht, und je klarer und einfacher ich dem Kind meine Problemstellung erklären kann, desto eher wird sich das Kind mir zuwenden.
Das „einerseits/andererseits" gibt mir die Möglichkeit, direkt und schnell zur Sache zu kommen, ohne dem Kind Vorwürfe zu machen.

7. Der Vorfall im Restaurant
(Zweckpyramide)

Der 8-jährige Oliver und die Zweckpyramide. Oder – was Oliver im Innersten wirklich will und wie ich Oliver wirklich verstehen kann.

Die Familie, (Vater, Mutter und 8-jähriger Oliver) kehrt anlässlich eines Sonntagsausflugs in ein Restaurant ein. Die

Eltern bestellen sich einen kleinen Imbiss und auch Oliver bekommt, was er sich wünscht.

Da betreten gute Bekannte das Lokal. Allgemeine Begrüßung. Man bestellt noch einmal etwas zum Trinken. Zwischen den Erwachsenen entsteht ein lebhaftes Gespräch. Oliver wird immer unruhiger, rutscht auf seinem Stuhl hin und her, rennt plötzlich im Restaurant umher und muss schließlich an den Tisch zurückgeholt werden. Da reißt Vater der Geduldsfaden. Er drückt Oliver auf seinen Stuhl und sagt mit fester Stimme: „Warum zum Teufel musst du dich plötzlich so ekelhaft benehmen?" Oliver kontert: „Mir stinkt's. Die Leute sind blöd!" Vater: „Jetzt werde nur nicht frech!" Sohn: „Ich will zur Rutschbahn und zu den Schafen." Vater: „Wir gehen ja gleich! Spiel jetzt nicht verrückt! Hör jetzt endlich auf damit!"

Welche Beweggründe hat Oliver für seine plötzliche Verhaltensänderung? Er bekam etwas zu trinken, was ihm schmeckt, er bekam etwas zu essen, was er gerne hat. Er war zufrieden. Doch insgeheim kommt eine Angst in ihm auf: Wenn die Erwachsenen noch lange miteinander reden, sagt Papa plötzlich: „Ach, es ist ja schon 17 Uhr, wir können nicht mehr auf den Berg gehen!" Wie also bringt Oliver seinen Vater dazu zu zahlen und zu den Schafen aufzubrechen? Oliver rennt im Restaurant herum. Da fällt ein Glas um und der ganze Tisch ist nass. Nun hat Vater genug. Er zahlt hastig und die Familie verlässt fluchtartig den Ort des Geschehens.

Was geht in Oliver vor? Er hat Angst, dass man seinem Wunsch, zu den Schafen zu gehen, nicht mehr nachkommt. Die einzige Möglichkeit, die Eltern zum Aufbruch zu bewegen ist für Oliver, sich quer zu legen. So zwingt er seinen Vater zum Handeln. Oliver hat gesiegt!

Kommentar

Warum und Wozu?

Doch die Sache liegt tiefer: Grundsätzlich lebt der Mensch in der Gegenwart, im „Hier und Jetzt". Aber eigentlich ist die Gegenwart nur eine Trennlinie zwischen der Vergangenheit und der Zukunft. Jede Handlung eines Menschen wird gleichermaßen von der Vergangenheit und der Zukunft geprägt. Wenn ein Kind plötzlich heulend zur Mutter rennt, dann hat es sich vielleicht vor ein paar Sekunden das Knie aufgeschlagen (Vergangenheit). Es heult, weil es Schmerzen hat und später getröstet werden möchte (Zukunft). Wenn Oliver nervös mit den Beinen zappelt, dann ist die Sitzfläche zu hoch, es schlafen ihm langsam die Kniekehlen ein (Vergangenheit). Oder er möchte so schnell als möglich zu den Schafen und auf die große Rutschbahn gehen (Zukunft).

Welche Bedeutung hat das für unsere Gesprächsführung? Denkt man beim „Aktiven Zuhören" zu sehr an die Vergangenheit, an das, was passiert ist, fühlt sich das Kind oft nicht verstanden. Das Kind fühlt sich erst dann verstanden, wenn ich auch den Zweck seines Handelns erkennen kann,

Das Verhalten meines Kindes ist immer von zwei Komponenten geprägt: Von der Vergangenheit, dem „WARUM", und von der Zukunft, dem Zweck, dem „WOZU". Die Handlungsweise meines Kindes wird mir erst verständlich, wenn ich beides berücksichtige.

welcher auf die nahe oder fernere Zukunft gerichtet ist. Mit seinem Handeln bezweckt das Kind immer etwas. Kein Mensch handelt ohne Zweck. Selbst Nichtstun hat seinen Zweck. Die Frage lautet: Zu welchem Zweck tut oder lässt ein Mensch etwas?

8. Ursula auf dem Weg zum Kindergarten
(Mittel zum Zweck)

Warum Umwege schneller zum Ziel führen. Und wie ich mit diesen Umwegen umgehen muss.

Dass Kinder mit ihrem Verhalten irgend etwas bezwecken, ist noch verständlich. Warum aber greifen Kinder oft zu umständlichen, ja unmöglichen Verhaltensweisen, um ihre Ziele zu erreichen. Hier ein Beispiel:

Ursula freut sich auf den Kindergarten. Sie zieht sich selber an und geht seit Wochen alleine und pünktlich von zu Hause weg. Ihr Weg führt über einen Hof. Nun spielt sich aber neuerdings täglich das Gleiche ab. Am Ende des Hofes ist eine kleine Mauer, gerade so hoch, dass Ursula drauf sitzen kann. Da bleibt sie nun sitzen. Die Mutter sieht dies vom Küchenfenster aus und ruft: „Du muss jetzt weiter gehen, sonst kommst du zu spät!" Keine Wirkung. Nach dem dritten Rufen geht sie zu Ursula und sagt: „Jetzt geh doch endlich in den Kindergarten!"

Ursula jammert: „Ich kann nicht alleine gehen. Alleine ist es langweilig und ich habe Angst. Ich gehe nur, wenn andere Kinder auch gehen." Mutter: „Aber du bist doch schon oft alleine gegangen." Ursula: „Ja, aber ich habe immer so Angst vor dem Fußgängerstreifen. Und dann renne ich nach vorne zur Unterführung." Mutter: „Na gut, dann gehst du eben fünf Minuten früher von zu Hause weg." Ursula:

„Aber wenn ich dann aus der Unterführung die Treppe heraufkomme, weiß ich nicht mehr, wo ich bin und wo der Kindergarten ist und dann komme ich zu spät." Ursula fängt an zu heulen. „Und wenn ich dann zu spät komme, schimpft die Kindergärtnerin mit mir und die tollen Spielsachen sind auch schon vergeben."

Die Mutter wird weich und bringt Ursula in den Kindergarten. Augenblicklich sind die Tränen verschwunden. Ursula kommt stolz an Mamis Hand im Kindergarten an. Sie strahlt übers ganze Gesicht. Sie bleibt ohne Weiteres im Kindergarten und Mutter geht wieder heim. Ihr ist das Verhalten von Ursula völlig unerklärlich.

Was hat Ursula erreicht? Sie konnte die Aufmerksamkeit der Mutter auf sich lenken, ja sie konnte sogar Macht auf Mutter ausüben. Ihre Mutter musste nun jeden Tag zu Ursula in dem Hof laufen und mit ihr in den Kindergarten gehen. Dort konnte sie dann stolz ihre Mutter vorzeigen. Diese Macht hat sie offensichtlich genossen.

Mit welchem Mittel hat sie das erreicht? Mit Blockieren und Jammern. Warum wählte Ursula diese umständliche Prozedur? Warum dieser komplizierte Umweg? Ursula sieht darin die einzige Möglichkeit, die Aufmerksamkeit auf sich zu richten und Macht auszuüben.

Vier Motive bewegen Kinder, Umwege zu wählen.

a) Aufmerksamkeit erheischen

Die beiden Geschwister streiten. Die Mutter kommt und schlichtet. Nach zehn Minuten wieder das selbe Theater. Schließlich trennt sie die beiden Kinder. Jetzt lassen die Kinder ihre Lieblings-CD so laut laufen, dass die Mutter schon wieder einschreiten muss. Und so weiter und so fort. Was ist nur mit den Kindern los? Sie überlegen sich folgendes: Mutter hat keine Zeit für uns. Was können wir machen, damit Mutter trotzdem zu uns kommt? Ihre bewährte Methode ist: Störungen produzieren, wie z.B. plötzlicher Hunger eines Kindes, ewig vor dem TV sitzen, Geschrei und Gekreische wegen nichts und wieder nichts. Jeder sagt, der andere sei schuld und Mutter muss wieder und wieder schlichten. Kinder haben eine blühende Phantasie, um sich solche Störungen auszudenken. Was bezweckt die Jungmannschaft mit diesen Störungen? – Aufmerksamkeit erheischen.

b) Kampf um die Macht

Vater: „Bernd, es ist Zeit fürs Bett!“
Bernd: „Ja, ich komm ja schon!“... (nach zehn Minuten)
Vater: „Bernd, du bist immer noch nicht im Bett.“
Bernd: „Ich muss zuerst aufräumen, sonst schimpfst du.“
Vater: „So lange braucht man nicht dazu!“
Bernd: „Ich schon!“
Vater: „Also mach jetzt!“
Bernd: „Ja, ich komm ja schon“ (nach weiteren zehn Minuten)
Vater: „Wo bist du denn? Dein Bett ist leer.“
Bernd: „Ich muss noch was für die Schule lesen.“
Vater: „Es ist zum verrückt werden! Jeden Tag das gleiche Theater! Warum muss das nur so sein? Warum!?“

Welche unbewusste Motivation hat Bernd für sein Verhalten?

Bernd überlegt sich: Wie lange bringe ich es fertig, dass ...

- meine Eltern machen müssen, was ich will,
- dass Vater jeden Abend nach meiner Pfeife tanzen muss,
- dass sich zu Hause alles um mich dreht,
- dass ich immer Sieger bleibe.

Sein Lebensgefühl heißt: Im „Mittelpunkt stehen". Der Vater spielt das Spiel mit. Ein Spiel, bei dem er aber immer verliert. Das Kind hat das letzte Wort und bleibt immer Sieger.

c) Unfähigkeit als Ausrede

Mutter: „Sabine, so mach doch jetzt endlich deine Mathematikaufgaben!"

Sabine: „Ich komme einfach nicht dahinter." Mutter: „Aber der Lehrer hat es euch doch bestimmt erklärt." Sabine: „Ja schon, aber zum Rechnen bin ich einfach nicht begabt. Das hat der Lehrer auch schon gesagt." Mutter: „Ja, das mag wirklich sein. Dein Vater und ich waren beide nicht gut in Mathematik. Das liegt vielleicht in der Familie. – Weißt du was, wir organisieren jemanden, der dir bei den Aufgaben hilft."

Mit welchen Mitteln ist Sabine zu ihrer Aufgabenhilfe gekommen?

Sie denkt sich: Ich spiele die Hilflose. Ich habe Ausdauer im Jammern. Ich weiß, dass Papa die Lösung kennt. In anderen Dingen ist es ähnlich. Sabine überlegt sich: „Wenn ich in den Augen von Mami sowieso alles verkehrt mache, dann warte ich doch gleich, bis sie es selber macht. Denn reklamieren tut sie sowieso! Ich bin einfach aufregend langsam und ungeschickt beim Geschirr versorgen oder Zimmer aufräumen. Ich verhalte mich umständlich. Alles ist mir zu schwierig. Dieses Verhalten nervt Mutter. Deshalb macht sie alles gleich selber!"

Es gibt zwei Motive für gespielte Unfähigkeit:

1. Ohne Anstrengung ans Ziel zu kommen. Kinder sind gescheit genug, im richtigen Moment „dumm" zu sein.

2. Unfähigkeit durch Entmutigung. Die meisten leistungsschwachen Kinder sind nicht wegen ihrer Unfähigkeit, sondern wegen ihrer Entmutigung leistungsschwach. Gespielte Unfähigkeit kann ein Zeichen von Entmutigung sein.

d) Rache, weil das Kind sich ungerecht behandelt fühlt

Der 7-jährige Walter hat eine Auseinandersetzung mit seiner Mutter. Am Ende fühlt er sich ungerecht behandelt. Er spürt in sich ein Gefühl der Ohnmacht aufkommen und sinnt auf Rache. Walter wartet, bis seine Eltern die Gummiwärmflaschen in die Betten gelegt haben. In einem unbewachten Augenblick sticht er mit der Nadel ein Loch in Mutters Bettflasche. Sein Bett steht quer zu den elterlichen Betten. So kann er den Vorgang gut beobachten: Die Mutter spürt, dass die Leintücher langsam nass werden. Verständnisloses Raten. Schlussendlich bleibt nur eines: Alles herausreißen und das Bett neu beziehen. Erst nachdem das Bett zum zweiten Mal nass wird, findet Mutter den Grund. Der Hauptgenuss von Walter: Es ist nie herausgekommen, wer der Täter war. Rache ist süß.

Welche Gedanken könnten Walter durch den Kopf gegangen sein? Er kann sich denken: „Meine Eltern lehnen mich ab." Oder – „Alles, was ich mache, ist falsch."

Oder – „Ich weiß nicht, was tun?" Oder – „Ich habe eine Wut im Bauch, aber das interessiert niemanden. Deshalb mache ich irgend etwas kaputt: Wände besprayen, Antennen abbrechen, Leintücher zerschneiden. Schmierseife auf die Treppe streichen etc."

Was ist der Zweck solcher Taten?
All dies ist Rache an einer Gesellschaft, in der Jugendliche nicht ernst genommen werden. Es sind Notschreie von

Jugendlichen, die bei den Erwachsenen kein Gehör finden und die noch nie erlebt haben, dass die Eltern „vorwurfsfrei" mit ihnen reden. Ein Kind, das auf Rache sinnt, hat die Hoffnung aufgegeben, jemals verstanden zu werden!

Viele Verhaltensweisen, die wir als „gestörtes Verhalten" wahrnehmen, kann man auf einen oder mehrere dieser vier Umwege zurückführen. Jedes Kind handelt seinen Erwartungen entsprechend. Wenn Eltern diese Erwartungen erfüllen, hat das Kind mit seinem Verhalten Erfolg gehabt und es wird diesen Umweg immer wieder wählen.

Warum diese Umwege?

Bei einer dirigistischen Erziehung fühlt sich das Kind dauernd kontrolliert, eingeengt, fremdbestimmt. Es kann also nie in Eigenverantwortung handeln. Mit den Eltern reden geht nicht, weil diese doch immer recht haben. So muss sich das Kind irgendwelche Tricks und Umwege ausdenken, um seine Ziele erreichen zu können. Dadurch wird das Kind verleitet, sich andere, krumme und verborgene Wege zu suchen.

Hier ein Beispiel: Seit einiger Zeit lügt und stiehlt Richard. Er erfindet phantastische Geschichten und lügt oft in den unmöglichsten Situationen. Immer öfters stiehlt er den Eltern oder seinen Kameraden Geld. Die Eltern fragen sich: „Warum tut er das? Er hat doch alles. Wir sind großzügig und verständnisvoll. Warum will er uns denn nicht einmal die harmlosesten Dinge sagen, z. B. was er wirklich macht? Warum redet er immer so haarscharf an der Wahrheit vorbei? Warum diese dummen Verdrehungen? Wie soll es bloß mit ihm weiter gehen?"

Welche bisherigen Erfahrungen veranlassen Richard zu lügen? Er denkt sich: „Alles, was lustig ist, verbieten die Eltern. Die Eltern geben mir schon Taschengeld, aber ich darf mir damit nur ‚gute' Sachen kaufen, also keine Zigaretten, keine Sexheftchen und ähnliches. Zuhause darf ich nicht fluchen. Meine Eltern wollen mich einfach zwingen, ein ‚guter' Mensch zu werden. Ich fühle mich ständig kontrolliert! Die vielen Verbote verleiten mich zum Lügen und Stehlen. Immer gehorchen müssen ist langweilig, deshalb hole ich mir meine Freiheit hintenherum. Ich soll immer gut und brav sein, deshalb muss ich hie und da einmal etwas ‚nicht Gutes' tun wie lügen und stehlen."

Richard kommt zu folgender Lebensphilosophie:
Freiheit ist, wenn die Eltern es nicht merken. Freiheit bedeutet, das Angenehme zu machen und das Unangenehme zu meiden. Freiheit bedeutet, nicht kontrolliert zu werden.

Die kontrollierende Grundhaltung der Eltern erzeugt in Richard das Gefühl von Enge, Bevormundung, Fremdbestimmung und Leistungsdruck. Er hat die Auffassung, die Eltern wollten ihm nichts gönnen und hat Angst, das Leben zu verpassen. So entsteht in ihm ein überstarkes Bedürfnis nach Freiheit, Annahme und Gerechtigkeit. Weil ihm diese unverzichtbaren Bedürfnisse verweigert werden, holt er sie sich hintenherum auf einem der vier Umwege.

Die Spirale dreht sich unerbittlich: Je härter kontrolliert wird, desto raffinierter werden die Versuche, durch die immer enger werdenden Maschen zu schlüpfen. Die Entwicklung zu Selbstbestimmung, Eigenverantwortung und Gemeinschaftssinn kann in diesem Klima von Misstrauen und Kontrolle nicht gedeihen. Die Kinder werden immer „elternabhängiger" und schließlich „lebensuntüchtig".

Eine verstehende Grundhaltung des Erziehers ermöglicht dem Kind, seine unverzichtbaren Grundbedürfnisse ohne unlautere Mittel, das heißt, ohne Umwege wahrzunehmen.

9. Die neue Puppe

(Ich-Bewahrung oder Selbstentfaltung)

Wie kann ein Kind seinen Egoismus überwinden und sich besser in die Gesellschaft einfügen?

Nina hat eine neue Puppe. Die andern Kinder wollen auch mit ihr spielen. Doch Nina gibt die Puppe nicht aus den Händen. Die andern Kinder wenden sich langsam von Nina ab und spielen allein. Nun jammert Nina, dass sie allein ist.

Natürlich hat es Gründe, dass Nina die Puppe nicht ausleihen will: Vielleicht bekam sie früher die Sachen nicht mehr zurück. Oder sie bekam sie kaputt zurück. Oder während der Ausleihzeit war es Nina langweilig. Oder beim Zurückgeben gab es immer Streit (Vergangenheit).

Aber da ist noch was anderes:
Im Unterbewusstsein bezweckt Nina folgendes: Sie will die neue Puppe, den neuen Besitz allein genießen. Sie will bei den anderen Kindern im Mittelpunkt stehen. Sie sitzt lieber in der Schmollecke als zu teilen. Sie muss die schönste Puppe haben. Alle müssen sie und die Puppe bestaunen. Sie denkt nur an sich. Das Lebensgefühl von Nina könnte man so umschreiben: Sie will im Mittelpunkt stehen. Sie will besitzen und nicht teilen. Nun hat Nina einen Umweg

entdeckt: Wenn sie nicht positiv glänzen kann, will sie wenigstens negativ auffallen. Aber im Mittelpunkt muss sie sein.

Die Gefahr ist groß, dass man mit Ratschlägen und Erklärungen an sie herankommen will. Aber all die gutgemeinten Ratschläge prallen ab.

Wie müsste man dann mit Nina reden, damit sie einsichtig wird?

Das Ego

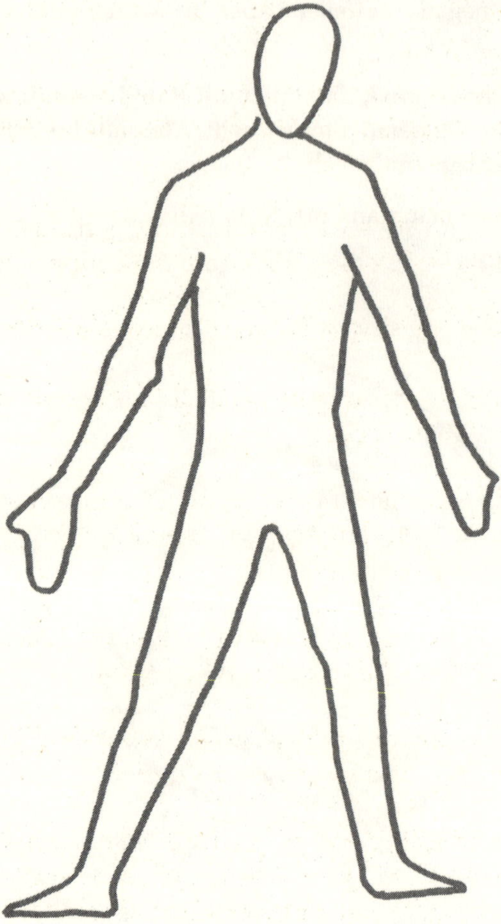

Das Selbst

Kommentar

Ein ewiger Kampf

Der Mensch ist ein widersprüchliches Wesen. In ihm kämpft das Negative mit dem Positiven. Wir könnten auch sagen:

Das „EGO“ im Menschen ist auf sein Ich gerichtet.
Das „SELBST“ im Menschen ist auf die Gruppe gerichtet.

Das „EGO“ sucht Anerkennung, entweder positiv oder negativ.
Das „SELBST“ sucht seine persönliche Eigenart im Umfeld seiner Mitmenschen.

Das „EGO“ lebt in ständiger Angst, zu kurz zu kommen.
Das „SELBST“ ist mit sich selbst zufrieden (ist sich selbst genug).

Für das „EGO“ ist die Umwelt Bedrohung, Feindesland.
Für das „SELBST“ ist die Umwelt Aufgabe.

Das „EGO“ steht sich selbst (seinem Selbst) im Wege.
Das „SELBST“ baut Wege vom Ich zum Du.

Wie rede ich mit dem Kind sinnvoll über dieses Thema? Hier eignet sich sehr gut die Wendung: *„einerseits/andererseits“*. Diese Wendung ist meiner Meinung nach die einzige Möglichkeit, bei solch einem heiklen Thema ohne Vorwürfe auszukommen.

Die Mutter sucht nun also eine ruhige halbe Stunde und versucht ein Gespräch mit Nina. Der Klarheit wegen ist das folgende Gespräch stichwortartig und in der Aufschlüsselung von *„einerseits/andererseits"* notiert. Der Leser wird ohne Mühe ein dem Kindesalter entsprechendes Gespräch führen können.

Die Mutter sagt also:

Einerseits ist es schön im Mittelpunkt zu stehen,

andererseits gibt es Kinder, die werden eifersüchtig.

Einerseits sind die anderen Kinder auch froh, wenn jemand sagt, wo's lang geht,

andererseits ist sich immer befehlen zu lassen auch nicht lustig.

Einerseits im Mittelpunkt stehen zu wollen ist nichts Schlechtes. Jeder Opernsänger, jeder Kunstmaler steht gerne im Rampenlicht,

andererseits haben solche Künstler ein schwieriges Leben.

Einerseits ist es schön, vieles zu haben,

andererseits werden deine Freundinnen neidisch.

Einerseits möchtest du so spielen, wie du willst,

andererseits bist du dann auch allein.

Einerseits willst du dafür sorgen, dass es dir gut geht,

andererseits geht es dir nur gut, wenn es den anderen auch gut geht.

Die Argumentationsweise *„einerseits/andererseits"* eignet sich sehr gut dazu, mit Nina über die Frage nachzudenken, wie man es denn genießen kann, im Mittelpunkt zu stehen und bestaunt zu werden, ohne die Nachteile erleiden zu müssen, allein und unbeliebt zu sein.

Nur in dem Maß, in welchem das Kind sein Selbstwertgefühl aufbauen kann, wird es fähig, seinen Egoismus in den Griff zu bekommen.

10. Die Uhr

(Das Gespräch danach)

Wie eine Armbanduhr für Aufregung und einen Vertrauensbruch in der Familie sorgt und wie es trotzdem zu einer friedlichen Lösung kommt.

Felix geht in die erste Klasse, seine Schwester Regina in die dritte. Heute Morgen jammert sie, ihre lustige farbige Uhr würde immer stehen bleiben. Sie wisse ja nicht, wann sie heimkommen müsse. Mutter versteht das und leiht ihr ihre eigene große Armbanduhr aus.

Felix sitzt unbemerkt hinter dem Sofa und hört das Gespräch mit. Oh, das wäre schön, denkt er sich, mit einer sooo großen und goldenen Armbanduhr in die Schule zu gehen. Da würden alle staunen!

Das Glück oder Unglück will es, dass Papas Uhr in der Stube in der Obstschüssel liegt, weil das Armband repariert werden muss. Die Mutter sollte sie gelegentlich zum Uhrmacher bringen.

Im Kopf von Felix beginnt es zu arbeiten. Niemand würde es bemerken, wenn er jetzt das Armband mit einem Draht flicken und die Uhr in die Schule mitnehmen würde. Am Abend würde er sie wieder genau an den gleichen Ort legen. Mit dieser Uhr wäre er auch so groß wie seine Schwester. Und alle würden ihn in der Schule bestaunen. Wenn es aber Papa oder Mama doch merken würden? – sinniert Felix. Was dann? Wenn Mama ausgerechnet heute zum Uhrmacher ginge? denkt Felix. Reglos sitzt er da und fixiert die Uhr. Es ist doch nicht so schlimm, will sich Felix einreden. Einmal ist keinmal. Einmal in der Schule der Größte sein. Das darf ich doch auch einmal, oder? Und da kommt der kritische Moment: Ihn sticht der schwarze Mann von hinten: „Nimm!“ flüstert er: „Nimm!“ Ein Griff – und die Uhr ist in der Hosentasche („Schwarzer Mann“ ist sein eigener Ausdruck).

Mit Stolz trägt er die Uhr in der Schule. Ist das ein Gefühl! Doch hinter dem Glück wartet das Unglück. Und es lässt nicht lange auf sich warten. Bei einem kleinen Ringkampf mit einem Schulkameraden löst sich das defekte Armband. Die Uhr fliegt in weitem Bogen auf den Steinboden. Das Glas ist hin! Felix bekommt ein mulmiges Gefühl im Magen. Als er die kaputte Uhr aufnimmt, wird es Felix halb schlecht. Was jetzt machen? Nicht mehr heimgehen, dann müsste er nicht beichten. Das geht nicht. Soll er schnell die Uhr zum Uhrmacher bringen? Aber der ist zu weit weg. Und Felix hat zu wenig Geld. Er denkt nach: „Jetzt sollte man die Zeit zurückdrehen können bis zu dem Moment, wo es noch nicht passiert ist, dann wäre alles gar nicht gewesen. Das wäre schön.“

Schweren Herzens muss Felix zu Hause alles beichten. Mutter ist außer sich: „Das ist schlimm!“ beginnt sie zu schimpfen, „sehr schlimm! Wie sollen wir miteinander leben, wenn man in der eigenen Wohnung nichts mehr liegen lassen kann! Felix, ich bin enttäuscht! Dir ist überhaupt nicht mehr zu trauen. Was sollen wir nur mit dir machen?"

Felix flucht und schlägt die Türe hinter sich zu. Er steigt runter in den Bastelraum und macht in seiner Wut seiner Schwester den selbstgebastelten Adventskranz kaputt. Weil die Mutter nichts Gutes ahnt, rennt sie ihrem Sohn nach. Zu spät. Als sie die Bescherung sieht, bekommt sie einen Weinkrampf. Sie geht zu ihrem Mann und klagt: „Was sollen wir nur mit dem Kerl machen? Das ist ja nicht mehr normal. Wie soll denn das weitergehen?"

Kommentar

Glücklicherweise hat die Mutter dieses Gespräch nicht so geführt. Sie war entschlossen, die Situation vorwurfslos zu beenden: Als sich die Aufregung gelegt hatte, entschloss sie sich zu einem „Gespräch danach": Sie benutzte das Gespräch, um mehr von Felix und seiner inneren Not zu erfahren. Dadurch wurde ihr Verhältnis zu Felix besser, tiefer und inniger als vorher. Das Gespräch verlief in etwa so:

„Lieber Felix, die Sache mit der Uhr hat uns beide aufgewühlt. Und jetzt sind wir beide aufeinander böse. Das ist schade. Deshalb will ich mit dir reden, damit wir beide wieder Frieden haben." Felix schaut unwillig auf den Boden. Aber er bleibt wenigstens sitzen. Mutter: „Also, da waren zwei Uhren kaputt, die deiner Schwester und jene von Vater." Felix unwirsch: „Aber die meiner Schwester habe ich nicht kaputt gemacht." Mutter, darauf nicht eingehend: „Ich hab Regina meine Uhr ausgeliehen und da hast du dich benachteiligt gefühlt." Felix blickt Mutter mit gesenktem Kopf an: „Ja, genau, das ist immer so." Mutter verteidigt sich nicht, sondern sagt: „Und dass Vaters Uhr irgendwo unter Früchten herumliegt, ist auch nicht dein Fehler."

Felix, immer noch in Verteidigungshaltung: „Ich habe die Uhr nicht gestohlen. Ich hätte sie wieder an den gleichen Ort zurückgelegt." Mutter: „Ja, ich glaube dir. Du meinst, du hättest auch das Recht auf eine eigene Uhr." Felix: „Ja, genau!" Mutter: „Du wirst lange vor der Uhr gesessen haben und hast dir gedacht: Einerseits ist es schon nicht recht, etwas zu nehmen, das nicht dir gehört und von dem die Eltern nichts wissen. Andererseits: Niemand hätte etwas gemerkt, wenn der dumme Ringkampf nicht gewesen wäre." Felix nachdenklich: „Ja, schon irgendwie. Aber ich habe sie doch wieder repariert. Das ist doch etwas Gutes." Mutter: „Du meinst, du bist nicht einfach ein schlechter Junge, aber man redet immer nur von deinen schlechten Streichen, nie vom Guten." Felix, aus vollem Herzen: „Ja genau. Immer bin ich der Schuldige!" Er ist dem Heulen nahe. Mutter: „Das ist wirklich schlimm, wenn man das Gefühl hat, die anderen denken schlecht von einem." Felix weiß jetzt nicht, was er sagen soll, und dreht verlegen an einem Schlüsselring. – Pause. – Mutter: „Was können wir beide machen, dass in einem ähnlichen Fall nicht das gleiche passiert?" Er schaut vorsichtig zur Mutter auf und sagt: „Ich werde dir immer alles sagen, wenn du nachher nicht schimpfst mit mir." Mutter: „Abgemacht, so werden wir es halten."

11. Schlägerei im Kinderzimmer
(Aufmerksamkeit erheischen)

Die Mutter ist beim Kochen und hat keine Zeit für die Kinder. Plötzlich ein Geschrei. Sie rennt ins Kinderzimmer. Die beiden Buben, 10- und 11-jährig, liegen sich in den Haaren, der kleinere unten, der größere mit vollem Gewicht oben drauf. Mutter reißt die beiden auseinander. Jeder beschuldigt den andern. Mutter versucht zu schlichten und Gerechtigkeit walten zu lassen. Doch es gelingt ihr nicht. Die Kinder haben hundert Ausreden und Argumente. Bei aller Anstrengung – Mutter gelingt keine Einigung. Warum können sich die beiden Buben nicht vertragen?!

Kommentar

Irrtumsfalle

Normalerweise meint man, man müsse die beiden Streithähne beruhigen oder auseinander bringen, man müsse sie zwingen, sich zu vertragen. Gewöhnlich geschieht das mit Strafen. Jeder muss in ein anderes Zimmer oder sie fangen eine Ohrfeige ein oder sie müssen jetzt unter Kontrolle Aufgaben machen, oder, oder, oder. Doch der Erfolg bleibt aus.

Schlussfolgerung

> Wenn sich die beiden Buben schlagen, dass die Fetzen fliegen, bringt es nichts, schlichten und die Gerechtigkeit wieder herstellen zu wollen. Denn die Kinder sind sich einig in der Absicht, Mama ins Kinderzimmer zu bekommen. Sie soll mitstreiten. Die Kinder haben ihr Ziel erreicht: Mama beschäftigt sich mit ihnen.

Positive Umkehrung

Ich drehe die Sache um: Ich lasse Mama sagen: „Eure Streiterei interessiert mich nicht. Das müsst ihr selber aushandeln. Ich stelle jetzt das Radio ganz laut, damit ich euren Lärm nicht höre.“ Das war ihr letztes Wort. Sie begibt sich wieder in die Küche und macht die Türe zu. Es vergehen keine fünf Minuten und die beiden Brüder haben ihren Streit beendet.

12. Bettnässen

(Paradoxes Verhaltensmuster)

Der 4-jährige Geri macht jede Nacht ins Bett. Tagsüber ist er stundenlang trocken. Nur nachts, da lässt er laufen. Geri hat weder eine schwache Blase, noch ist er krank. Auch macht er das Bett nicht mit Absicht nass. Trotzdem – Geri macht nachts ins Bett. Alle Maßnahmen wie Loben, Strafen, Arzt konsultieren, Spezialtee verabreichen, warme Bettflasche bringen nichts: Die Mutter ist verzweifelt: „Ich weiß wirklich nicht mehr, was ich tun soll!"

Kommentar

Irrtumsfalle

Vor einem Monat kam ein Brüderchen auf die Welt. Geri spürt: Der Kleine hat es schön. Der darf die Windeln nass machen, ich möchte auch noch einmal so klein sein und von Mama so bedient werden und ich darf dann die Windeln nass machen. Und wirklich! Jedesmal, wenn Geri nass ist, kommt Mutter und legt ihn trocken. Geri hat sein Ziel erreicht. Jetzt hat er's auch so schön wie sein Brüderchen.

Schlussfolgerung

> Der wahre Grund für Geris Bettnässen ist die Eifersucht auf das Neugeborene. Deshalb brachten alle Versuche keinen Erfolg. Das Schimpfen von Mutter bewirkte genau das Gegenteil. Das schlechte Gewissen von Geri erzeugte einen Leistungsdruck und je mehr auf Geri Druck ausgeübt wird, desto stärker wird der Drang zum Bettnässen. Geri wird so lange Bettnässen, bis er sein Brüderchen akzeptieren kann.

Positive Umkehrung

Ich drehe die Sache um: Die Mutter entscheidet sich für den entgegengesetzten Weg. Sie nimmt den Leistungsdruck weg. Sie kauft ein großes Gummituch, legt es Geri ins Bett und erklärt ihm feierlich: „Ich habe dir hier ein großes Gummituch gekauft. Das legen wir jetzt ins Bett und dann darfst du Bettnässen."

13. Kevin und die leidige Schule
(Leistungsdruck)

Kevin gilt als aufgeweckter, gescheiter aber frecher Schüler. Er bringt gerne die ganze Klasse zum Lachen. Ihm fallen die unglaublichsten Streiche ein. Er hat immer schelmische Ideen im Kopf und ist unkonzentriert. Seine schulische Leistung ist immer an der unteren Grenze. Alles Kontrollieren, alles Strafen nützt nichts. Kevin ist eine Belastung für Lehrer und Schüler.

Kommentar

Irrtumsfalle

Der Lehrer ist irrtümlicher Weise davon überzeugt, dass bei Kevin nur Strenge und Strafe etwas bringen könne. Doch alles Mahnen und Kontrollieren bringt nichts. Kevin ist immer wieder unausstehlich.

Schlussfolgerung

Noch weiß der Lehrer nicht, dass Kevin ein POS-Kind ist. Kevin kann sich nicht länger als zehn Minuten konzentrieren. Es ist also nicht böser Wille bei Kevin, sondern Unvermögen. Deshalb ist Härte und Strafe der falsche erzieherische Weg.

Positive Umkehrung

Der Lehrer erfährt, dass Kevin hyperaktiv und ein POS-Kind ist. Als Fachkraft weiß er, wie man mit POS-Kindern umgehen muss. Der Lehrer setzt ihn nicht mehr unter Leistungsdruck und spricht mit ihm über seine Hyperaktivität. Von Schulnöten und schlechten Noten wird nicht mehr geredet. Der Lehrer sagt: „Eigentlich möchtest du ja auch ein guter Schüler sein, aber das ist für dich so schwer. Doch du bist schon recht, so wie du bist. Man kann auch ein guter Mensch sein trotz schlechter Noten. Du bist jetzt eben anders als deine Kameraden. Aber ich habe dich gern, so wie du bist." Jetzt fühlt sich Kevin als gleichwertig angenommen. Von Stund an wird seine Leistung in der Schule langsam, aber stetig besser.

14. Dumme Kuh!

(Projektion)

Während einer Diskussion streckt das Kind seiner Mutter die Zunge raus und schreit: „Du bist eine dumme Kuh!"

Kommentar

Irrtumsfalle

Vater reagiert mit fester Stimme: „Jetzt bist du aber sofort still! So redet man nicht mit seiner Mutter. Noch einmal und ich schließe dich in dein Zimmer ein!"

Alle diese Drohungen nützen nichts. Das Kind ist immer wieder frech und widerborstig.

Schlussfolgerung

In meinen Augen ist das Kind nicht frech, sondern es hat ein Problem. Das Kind ist mit sich selbst nicht zufrieden. Seine innere Wut projiziert es auf seine nächste Umgebung und das ist im Moment seine Mutter. Sein Ausruf: „Blöde Kuh“ ist ein Hilferuf.

Positive Umkehrung

Ich drehe auch da die Sache wieder um: „Oh, du hast eine schöne Wut im Bauch. Du fühlst dich jetzt überhaupt nicht wohl, deshalb darfst du zu mir ‚blöde Kuh' sagen, bis du dich wieder gut fühlst. Dann aber reden wir darüber.“

15. Richard und das Autofahren

(Starke Bedürfnisse)

In Gesprächen mit Hilfe suchenden Eltern werde ich immer wieder mit dramatischen Geschichten wie der folgenden konfrontiert:

Richard ist 16-jährig. Sein Vater ist Inhaber einer Autoreparaturwerkstätte. Im Hof der Garage befinden sich jeweils ca. zehn Autos zur Reparatur. Diese Situation reizt Richard und so sucht er nach offenen Autos, in denen noch der Zündschlüssel steckt, setzt sich ans Steuer und dreht einige Runden. Wenn er vom Vater erwischt wird, gibt's einen Riesenkrach mit einer schallenden Ohrfeige und der Drohung des Vaters: „Wehe, wenn das noch einmal vorkommt, dann erlebst du dein blaues Wunder!“

Richards Mutter ist ratlos und richtet in einem Telefongespräch die bange Frage an mich, was sie denn nur machen solle. Sie hätte schon alles Mögliche versucht. Nichts würde fruchten. Richard sei völlig unzugänglich und verstockt. Er mache einfach, was er wolle.

Kaum sind 14 Tage vergangen, gibt Richard der Versuchung wieder nach und entwendet ein offenes Auto. Mit zwei Kollegen kommt er auf die glorreiche Idee, eine Spritztour in die Stadt zu machen. Dort gönnen sich die drei noch eine Coca Cola und fahren wieder nach Hause. Vaters Temperament und Richards Verstocktheit führen zur Eskalation: Es folgt eine handfeste Auseinandersetzung, bei der Richard von seinem Vater nicht nur eine Ohrfeige kassiert!

Zweites Telefongespräch der Mutter: Mit verweinter Stimme und hörbar entmutigt stellt sie mir die immer gleiche Frage: Was sollen wir nur machen mit Richard?

Drittes Telefongespräch: Die Mutter erklärt mir, wie wichtig es ihr sei, mit Richard gut umzugehen. Sie hätte das starke Bedürfnis, eine gute Mutter zu sein. Sie wolle doch mit möglichst wenig „Macht" auskommen. Sie möchte mit ihrem Sohn ein angenehmes und ehrliches Gespräch führen. Was sie ernte, sei ein freches Zurückmaulen von Richard. „Warum aber ist denn bei Richard keine positive Reaktion möglich?" So fragt sie mich wieder und wieder.

Die Mutter hat also folgendes Problem: Sie bemüht sich einerseits, mit Richard vernünftig zu reden und zu argumentieren. Mit Ausdauer versucht sie, ihn in seiner Art ernst zu nehmen. Andererseits fühlt sie sich aber von ihrem Sohn nicht ernst genommen, denn er beschimpft sie sehr oft abwechslungsweise als Diktatorin, dann wieder als eine weiche Ente.

Richard hingegen hat ein anderes Problem:
Er ist einerseits ein Autonarr. Es fasziniert ihn alles, was mit Motoren und Technik zu tun hat. Wer weiß, vielleicht möchte er sogar einmal die Garage seines Vaters überneh-

men. Andererseits findet Richard bei seinen Eltern kein Verständnis für sein Hobby. Er kann mit seinen Eltern nicht über dieses Thema reden. Er fühlt sich allein und unverstanden. So befriedigt er seine Bedürfnisse eben „hintenrum" und lässt sich vor allem mit dem Vater auf einen Machtkampf ein. Für die Mutter ist es unter diesen Umständen äußerst schwierig, sich richtig zu verhalten, werden doch ihre Bemühungen durch die grobe und autoritäre Art des Vaters völlig untergraben.

Welche Möglichkeiten zu reagieren hat man denn in einer solchen, von Gewalttätigkeit geprägten Situation? Welches konkrete Vorgehen würde am ehesten die Chance bieten, dass der Sohn sein verstocktes Verhalten aufgibt und kompromissbereit wird?

Kommentar

1) Solange der „verstockte Sohn" nicht über seine Bedürfnisse reden kann, wird er verstockt bleiben und sich durch negatives Verhalten rächen.
2) Bei soviel Machtentfaltung des Sohnes muss die Mutter ihrerseits auch eine Macht entgegensetzen können. Die Frage ist nur, wie diese Macht auszusehen hat, will doch die Mutter ihre Macht keinesfalls missbrauchen und ins alte dirigistische Fahrwasser zurückfallen.

Richard und das Autofahren (Version 2)

Im ersten Teil wurde gezeigt, wie das Gespräch wirklich ablief. Hier im zweiten Teil wird eine gelungene Version gezeigt. Mir ist völlig klar, dass in Wirklichkeit solche Gespräche nicht so schnell und glatt ablaufen. Die folgenden Zeilen wollen nur einen Weg, eine Grundhaltung aufzeigen, mit der man am ehesten Aussicht auf Erfolg hat.

Der Vater war wieder einmal den ganzen Tag beruflich abwesend. Als er beim Heimkommen durch den Autopark geht, erblickt er ein Auto, das anders als am Morgen geparkt ist. Sich zu Richard wendend: „Du hast dir wieder einmal ein Auto geschnappt." Richard: „Nein! Ich bin nicht Auto gefahren."

Vater: „Es ist logisch, dass du jetzt lügst. Du hast Angst vor meiner Ohrfeige. Habe keine Angst, ich habe mich entschlossen, dir nie mehr eine zu knallen, denn wir Eltern haben unterdessen eingesehen, dass wir uns so verhalten haben, als würde es uns überhaupt nicht interessieren, wie's dir geht und was du gerne machen würdest." Nach dieser ungewohnten Rede schweigt Richard.

Vater: „Du meinst, wir würden dir das Autofahren nicht gönnen. Und bis du 18 bist, sind das zwei lange, lange Jahre. Du hast das Bedürfnis, schon jetzt Auto zu fahren." Richard: „Ja, genau." – „Und du meinst, einmal mit einem Auto im Hof und um den Häuserblock herumzufahren, sei wirklich nicht schlimm." – Richard: „Ja, genau!"

Jetzt hakt Vater nach: „In diesem Fall hast du folgendes Problem: Einerseits ist dir klar, dass du etwas Verbotenes tust. Das müssen wir dir nicht extra sagen. Andrerseits ist für dich plötzlich die Versuchung so groß, dass du nicht widerstehen kannst." Richard kleinlaut: „Irgendwie schon."

Vater: „Weil wir dir einfach alles grundlos verbieten, machst du es eben heimlich!" Richard blickt auf: „Ja, genau." Jetzt erklärt Vater: „Auch ich bin in einer unangenehmen Situation. Mein Problem ist: Einerseits freut es mich, dass du auch ein Autonarr bist wie ich. Unser großer Hof und die Zufahrtstraße sind wirklich eine verlockende Gelegenheit, um sich einmal hinter ein Steuerrad zu setzen. Andrerseits: Was du machst, ist schlichtweg verboten und wenn die

Polizei dich erwischt, muss ich den Kopf hinhalten. Und das ist keine gute Werbung für unsere Firma. Da steht zu viel auf dem Spiel!" Richard schweigt.

Vater, einlenkend: „Das ist also unser Konflikt." Pause. Vater fährt weiter, die Hand auf Richards Schulter legend: „Was können wir beide tun, dass du Auto fahren kannst und ich keine Angst vor der Polizei haben muss?" Pause. Schließlich macht der Vater ihm drei Vorschläge:

„Wir beide suchen ein privates Fabrikgelände oder einen leer stehenden Schulplatz. Dort malen wir symbolische Hindernisse auf den Boden und üben Achterkurvenfahren.

Oder:
Wir beiden Männer fahren allein zum Autosalon nach Genf.

Oder:
Wir fahren miteinander nach Rümlang. Dort gibt es eine Indoor-Gokartbahn, auf der man richtige Rennen fahren kann."

Die letzte Idee schlägt bei Richard ein! Richard: „Oh ja, das machen wir. Und überhaupt, das ist das erste Mal, dass wir beide allein etwas miteinander unternehmen und zwar etwas, das mir gefällt, nicht einen so langweiligen Familienschlauch."

Die beiden Männer fahren also nach Rümlang bei Zürich und haben viel Spaß an den kleinen Rennwagen. Das Gespenst mit den Reparaturautos in Vaters Hof ist ein für allemal Vergangenheit. So einfach ist das.

Kapitel IV

Wenn Kinder immer älter werden: Ein besinnlicher Abschluss

Ein besinnlicher Abschluss. Nachdenkliches über die Zeit. Wie sich ein Mensch sein Leben lang verändert und doch immer derselbe Mensch ist.

Ein Mensch erblickt sich im Spiegel, er sieht sich jung, strahlend, lebensbejahend. Er erkennt sich. So ist er. Das ist er. Dieser Mensch ist fasziniert von seinem eigenen Gesicht. Er kann sich in die eigenen Augen schauen. Scharf beobachtet er jede Augenbewegung und jede Bewegung seines Mundes.

Immer intensiver blickt der Mensch in den Spiegel, immer tiefer in sein eigenes Wesen, in sein eigenes Ich. Seine Konzentration steigert sich ins Unermessliche. Da passiert etwas Eigenartiges: Diese Konzentration drückt plötzlich die Lebenszeit unseres Menschen zusammen von neunzig Jahren auf einen ganz schmalen Streifen von 30 Minuten. Seltsam, was jetzt geschieht: Im Spiegel sieht er sein Gesicht doppelt – hintereinander oder übereinander, er weiß es selber nicht. Er sieht sich zugleich jung und sieht sich zugleich alt. Doch nicht nur alt, er sieht sich steinalt. Und trotzdem erkennt er sich ganz eindeutig. Ja, das ist er, unverwechselbar, nur eben steinalt.

Hinter dem alternden sieht er den jungen Menschen. Er sieht ihn nicht nur jung, sondern ganz jung. Einen Babykopf sieht unser Mensch im Spiegel. Dieses Kind ist durch unsere Zeitkompression gleichzeitig ein berühmter Arzt. Wenn Mutter mit diesem dreijährigen Kind schimpft, schimpft sie mit dem Arzt. Wenn sie diesem sechsjährigen Kind eine Ohrfeige gibt, gibt sie gleichsam dem Arzt eine Ohrfeige. Wenn sich Mutter beim zehnjährigen Menschen über seine schlechten Tischmanieren ärgert, ärgert sie sich gleichzeitig über den Arzt, denn es ist immer derselbe Mensch.

Der Körper des Babys altert unaufhörlich, unaufhaltsam. Man sieht es nicht. Man spürt es nicht. Man hat das Gefühl, das Baby bleibe immer gleich. Doch plötzlich ist es erwachsen, das Baby, der Mensch, der jung-alte Mensch.

Der junge Mensch im Vollgefühl seiner Kräfte denkt nicht ans Altern, denn er lebt im Grundgefühl, es werde immer so bleiben, die Jugend sei ewig, und die Eroberung der Welt nehme kein Ende. Der junge Mensch sprüht vor Energie und Plänen und Ideen. Doch vieles Wertvolle im Leben streicht an ihm unbeachtet vorbei, für den jungen Menschen nicht fassbar, die vielen bedeutsamen Einzelheiten übersehend, die in seinem Leben von Bedeutung sein könnten.

Nicht nur ältere Menschen werden älter, auch junge Menschen altern ständig. Beide Jahr um Jahr, beide Monat um Monat, beide Tag für Tag. Seltsam nur – dieser Mensch in seiner Kindesform weiß nichts von seinem gealterten Gesicht. Er lebt, als wäre seine Gegenwart, seine Jugend die Ewigkeit. Doch fragt sich unser Mensch: Was wird das Baby als erwachsener Mensch sein? Ein Sadam Hussein oder ein Gandhi, ein Mörder oder ein Martin Luther King? Auch Hitler war ein Baby. Hat ein Mensch gleichermaßen beides in sich: Menschenverächter und Menschenfreund? Und beides zur gleichen Zeit?

In jungen Jahren des Älterwerdens erweitert der junge Mensch seinen Einflussbereich. Der junge Mensch erobert seine Umwelt. Der jung-alte Mensch wird sein Schicksal durchlaufen, gemäß seiner unverwechselbaren Einmaligkeit bis zum Tag des Todes. War sein Blick bis dahin immer nach vorne fixiert, ist dieser jetzt plötzlich nach hinten gerichtet. Eine wichtige Wegmarke. Sie will sagen: Der Mensch ist alt.

Zum Wesen dieses Unikates gehört auch seine Vergangenheit von der Geburtsstunde an. Zu seinem Wesen gehört auch seine Zukunft bis zur letzten Todesstunde.

Dieser eine Mensch, dieses einmalige Original in seiner gealterten Form schaut zurück in der Erinnerung. Schaut in den Spiegel der Vergangenheit. Plötzlich ist er beides, der Mensch im Hier und Jetzt und der Mensch vor vielen Jahren. Beides zugleich. Der gealterte Mensch, er erinnert sich, dass er einmal jung war. Er hat die Vergangenheit konserviert, bereit zum Fassen. Er hat sie im Griff. Eigentlich fühlt er sich jetzt noch jung. Lebensphantasie hätte er genug, aber sein Körper altert, er ruft den Menschen zurück und setzt ihm Grenzen.

Mit dem Blick zurück beginnt der Mensch zu sammeln. Der alternde Mensch sammelt Erfahrungen, Höhepunkte seines Lebens, die ihm zeitlos bleiben. Sie sind nicht an Zeit gebunden, sondern immer gegenwärtig. Doch plötzlich sind die Tage da, von denen die Bibel sagt: „… sie gefallen mir nicht …" (Pr. 12,1)

Mit jedem Jahr des Älterwerdens verkleinert der alternde Mensch seinen Wirkungskreis. Er sieht weniger, er hört weniger, alles wird mühsamer. Er macht weniger. Jetzt aber genießt er das Erlebnis der Ruhe, der Besinnlichkeit, das Gefühl, Zeit zu haben, den Wolken nachschauend, ein Kinderlachen einfangend, einem Kind einfach zuhörend, wenn das Kind zu plaudern beginnt. Die Bedeutung eines einfachen Wortes auf der Straße, in der Straßenbahn, nur ein freundlicher Blick, eine kleine Aufmerksamkeit.

Der alternde Mensch lebt auf eine andere Weise intensiver, tiefer, reicher als der junge Mensch. Mit dem Altwerden erlebt, erkennt, erfasst der alt gewordene Mensch die Kostbarkeit der stillen Stunden, jeder Stunde, ja jeder Minute.

Mag sein, dass der alt Gewordene hie und da wehmütig zurückblickt auf vieles Unterlassene, auf vieles Verkehrte. Doch er hat die Weisheit, auch die negativen Augenblicke seines Leben als Kostbarkeit aufzubewahren.

Der betagte Mensch kann schmunzelnd die jugendliche Unbefangenheit beobachten, mit welchem Ungestüm der junge Mensch in das volle Leben hineingreift, mit welcher Ungeduld der junge Mensch das Leben an sich reißt. Wer hat nun mehr vom Leben, der junge Mensch oder der alternde Mensch?

Der jung-alte Mensch im Fluss der Ewigkeit hat gelernt, Zeit zu haben und als jung und alt, Säugling und Greis, Kind und Erwachsener gleichzeitig zu sein und dies als Ganzes zu erleben. Das ist ein Körnchen Weisheit, welche das Leben lebenswert macht.

Der junge Mensch denkt nicht daran, dass er einmal eine Ewigkeit lang nicht war. Auch beschäftigt sich die Jugend nicht mit der Vorstellung, dass die Zeit kommt, da sie eine Ewigkeit lang nicht sein wird. Ein kurzer Moment dazwischen ist uns vergönnt, das Geschenk, ein „Ichbewusstsein" haben zu dürfen. Erst im Alter lernt man, in aller Bescheidenheit mit den ungelösten Lebensfragen sein Leben trotzdem auszukosten.

Früh genug ans Altern denken, erhöht die Erlebniskraft der Gegenwart. „Bedenke, dass du sterben musst, auf dass du klug werdest." (Ps. 90:11+12)

Glossar

„Aktives Zuhören"

▪ Gefahr:
„Aktiv Zuhören" (AZ) ist zwar ähnlich, wie Fragen stellen, ist aber dem Wesen nach grundverschieden. Fragen klingen nach kontrollieren. Mit Fragen dringe ich in die Privatsphäre meines Gegenüber ein, das wirkt unangenehm.

▪ Deshalb:
Bei „Aktivem Zuhören" (AZ) arbeite ich nur mit Elementen, die mir der andere zuspielt. Ich respektiere seine Privatsphäre. AZ ist der Versuch, die Aussage des Gegenüber kurz und bündig zusammenzufassen, um zu kontrollieren, ob ich ihn sinngemäß verstanden habe.

Richtiges AZ bedeutet:

- Sprich dein Gegenüber direkt an.
- Fasse dich kurz.
- Rede einfach, klar und bildlich.
- Vermeide Papageien.
- Stelle keine Fragen, auch keine Kontrollfragen.
- Werte nicht.
- Halte deine Meinung zurück.
- Höre aktiv zu, ohne zu korrigieren.
- Füge keine neuen Inhalte hinzu, sondern
- Gebrauche nur Elemente, die dir zugespielt werden.
- Biete keine Lösungen an und erteile keine Ratschläge.
- Schließe das Gespräch mit einem Grundproblem ab.

Gutes „aktives, oder passives Zuhören“ wirkt auf den andern als Wohltat.

Die Wohltat „Aktiven Zuhörens“ besteht darin, dem andern die Sicherheit zu vermitteln, wirklich verstanden worden sein und die Möglichkeit zu haben, sich noch einmal besser formulieren zu können, um über sich selber klar zu werden. Die Wohltat „Passiven Zuhörens“ besteht darin, den andern einmal reden zu lassen, ohne ihn zu unterbrechen.

Allgemeinplätze, oder nachvollziehbare Sätze

- Gefahr:

In Gesprächen ist man ständig in Gefahr, sich zu allgemein zu formulieren. Allgemeinplätze aber schmälern die Wirkung des Besprochenen. Je konkreter, desto wirksamer. Beispiel allgemein: „Du sollst dein Kind lieben“. Konkreter: „Habe Zeit für dein Kind“.

- Deshalb

sind die folgenden Definitionen allesamt Versuche, Allgemeinplätze zu vermeiden und klare, verständliche Definitionen zu benutzen.

Annahme, oder Leistung

- Gefahr:

Die Gefahr ist groß, dass man zwar von Annahme und Geborgenheit spricht, diese aber mit moralischem Leistungsdruck koppelt. Man fällt sehr schnell in „wenn / dann-Sätze“ hinein. Beispiel: „Wenn du immer so kratzbürstig bist, kann ich dich doch nicht gern haben.“

▪ Deshalb
ist es wichtig, Annahme und Leistung deutlich zu trennen. Annahme ist nur dann sinnvoll und wirksam, wenn sie ohne Forderung, ohne Leistung geschieht. Wahre Annahme bedeutet, das Kind so anzunehmen, wie es ist, mit seinen Stärken und Schwächen. Schlechtes Beispiel: „Natürlich habe ich dich auch gern, wenn du den Abwasch nicht machst. Es würde mich aber freuen, wenn du ihn freiwillig machen würdest." (Freiwilliger Zwang). Richtiges Beispiel: „Du hast jetzt eine richtige Wut auf mich. Das darfst du auch, ich habe dich trotzdem gern."

Bedürfnis oder Lösungen

▪ Gefahr:
Es passiert sehr schnell, dass man meint, in einem Gespräch das wahre Bedürfnis des Kindes getroffen zu haben. Doch bei genauerem Hinsehen muss man erkennen, dass man sein Kind nicht wirklich verstanden hat und ihm daher einen (oft unbrauchbaren) Lösungsvorschlag anbietet.

▪ Deshalb
ist es wichtig, die Lösungsvorschläge auch des Kindes in echte Bedürfnisse zurückzuverwandeln. Es ist auch wichtig, im Gespräch die gegensätzlichen Bedürfnisse beider Seiten zu erkennen und zu verbalisieren.

Beispiel: Bei einer Familienbesprechung zwecks Sonntagsgestaltung äußert die Jungmannschaft ihre vermeintlichen Bedürfnisse: Franz möchte zu einem Motorradrennen, Eveline an den See zum Baden. Vater möchte seine Mutter mit dem Auto besuchen und Mutter hat das Bedürfnis, einen spannenden Krimi zu lesen. Diese vermeintlichen Bedürfnisse sind in Wirklichkeit schon Lösungen. Es braucht nochmals den Schritt zurück zu den Bedürfnissen.

Im Gespräch kann Vater jetzt also diese vermeintlichen Lösungen zurückverwandeln in die echten Bedürfnisse, nämlich: Franz hat ein Bedürfnis nach Spannung, Eva sich zu bewegen und sich zu zeigen. Vater möchte sich als dankbarer Sohn seiner Mutter gegenüber beweisen und Mutter möchte einmal nicht die Organisatorin und Aufpasserin für die ganze Familie spielen, sondern einmal abschalten können.

Die erste Aufzählung von Lösungen bewirkt Verhärtung. Hingegen die Aufzählung der Bedürfnisse fördert das gegenseitige Verständnis der Familienglieder und macht Kompromisslösungen möglich.

Dirigistisch, oder verstehend

▪ Gefahr:
Wenn Eltern versuchen, ihre Kinder zu beeinflussen, laufen sie Gefahr, dirigistisch zu werden. Sie wählen den kürzesten Weg und sagen dem Kind gerade heraus, was sie denken und was das Kind zu tun hat. Bei den vier Irrtumsfallen wurde erwähnt, dass der Umweg über das „Verstehen" der bessere Weg ist.

▪ Deshalb
ist es wirksamer, mit dem Wortpaar „Aktiv Zuhören" (AZ) und „Ich-Botschaft" (I-Bo) zu arbeiten. Beim AZ bin ich ganz beim andern, bei seinen Gefühlen, bei seinen Nöten. Bei der I-Bo bin ich ganz bei mir, bei meinen Gefühlen, bei meinen Nöten.

Echte Frage

- Gefahr:

Man ist ständig in Gefahr, anstelle von I-Bo's Kontrollfragen zu stellen. Kontrollfragen aber sind Du-Botschaften (Du-Bo). Deshalb heißt die eiserne Regel für Anfänger: „Keine Fragen!"

- Deshalb:

Wenn schon Fragen, dann wenigstens „echte". Bei einer „echten Frage" will ich etwas wissen, was ich nicht weiß. Der Befragte steht vor einer echten Entscheidung. Bei einer echten Frage wird das Kind ernst genommen. Beispiel: „Mit welchem Zug kommst du am besten nach X?" „Welchen Beruf möchtest du wählen?"

Freiheit und Macht

- Gefahr:

Die Spannung zwischen Freiheit und Macht ist das eigentliche Thema in der Kindererziehung. Diese beiden Begriffe bedingen sich gegenseitig. Jeder Mensch und jedes Kind wünscht und braucht Freiheit. Wenn diese nicht geboten wird, holen sich Eltern wie Kinder ihr Freiheit auf Umwegen oder mit Macht. Macht aber erzeugt Gegenmacht. Diesen Machtkampf verlieren die Eltern immer.

- Deshalb:

Man setze der aktiven Macht des Kindes eine gleich starke, aber „passive Macht" entgegen. Diese passive Macht wende ich innerhalb meiner POG-Methode an (Problem-Orientierte-Gespräche). Zu ihr gehört:

1. Starke Ich-Botschaft
2. Blockierung (passive Macht)
3. Positives Gespräch danach

Gespräch danach

■ Gefahr:
Die Gefahr ist groß, dass sich nach einer Auseinandersetzung Eltern oder Kinder als Verlierer fühlen. Man hat das Gespräch beendet, aber der Groll im Magen bleibt.

■ Deshalb
ist es sinnvoll, in einer ruhigen halben Stunde mit dem Kind das Geschehene vorwurfsfrei zu besprechen und zu fragen, was eigentlich geschehen ist. Ein solches „Gespräch danach“ kann man dann mit dem Satz abschließen:

„Was können wir tun, dass wir uns beide wieder wohl fühlen?“

„Ich-Botschaften“ oder „Du-Botschaften“

■ Gefahr:
In Wechselgesprächen ist man ständig in Gefahr, den Gesprächspartner, im besonderen das Kind, anzupredigen und zu moralisieren. Man nennt das „Du-Botschaft“ (Du-Bo).

Ein Satz ist dann eine Du-Bo, wenn er irgendeine Forderung oder einen Wunsch an den Gesprächspartner beinhaltet, egal, ob das Wörtchen „Du“ vorkommt, oder nicht. Du-Bo's wirken kontraproduktiv.

■ Deshalb
arbeite ich mit AZ und I-Bo.

Ich unterscheide zwischen einer „I-Bo“ und einer „starken I-Bo“. In einer I-Bo bleibe ich ganz bei mir, bei meinen Gefühlen und meinen Nöten. Jedoch bleibe ich sachlich. Bei einer „starken I-Bo“ werfe ich meine ganze Person in die Waagschale. Ich zeige meine Emotionen. Beispiel: I-Bo, normal: „Ich fühle mich in der Hausarbeit allein.“

I-Bo, stark: „Seit ich wieder arbeite, bin ich mit meiner Hausarbeit am verzweifeln! Ich könnte alles wegschmeißen!"

Kontrollfragen

■ Gefahr:
Bei einer Kontrollfrage will ich wissen, ob mein Gegenüber nach meiner Auffassung richtig handelt. Folge: Das Kind fühlt sich kontrolliert und bevormundet und legt sich quer.

■ Deshalb:
Wenn schon Fragen, dann wenigstens echte Fragen.

Loben und Tadeln

■ Gefahr:
Zwar ist Loben nicht so schlimm wie Tadeln. Jedoch ist das Loben nur die Kehrseite des Tadels. Beispiel: Mutter sagt: „Heute warst du aber lieb, weil du das Wohnzimmer aufgeräumt hast." Wenn Mutter am nächsten Tag schweigt, folgert das Kind: Anscheinend war ich heute nicht so brav wie gestern.

Zu viel Lob macht abhängig. Es geschieht eine Motivations-Verfremdung. Das Kind macht nicht deshalb den Abwasch fertig, damit die ganze Familie eine gemütliche Wohnung hat, sondern, weil es etwas bekommt, ein Geldstück, oder ein Lob. Wenn das Kind klug genug ist, kann es seine Eltern mit immer größeren Belohnungsforderungen erpressen.

■ Deshalb:
Nicht die Person loben, sondern die Sache. Mutter sagt besser: „Ist das schön, dass schon abgewaschen ist. Jetzt kann ich mich noch 15 Minuten hinlegen.

Problem, oder Schwierigkeit

■ Gefahr:
In Gesprächen besteht immer die Gefahr, in dirigistische Du-Bo's zurück zu fallen. Man sucht einen vorwurfsfreien Satz und findet keinen. Auch achtet man nicht auf die Unterscheidung zwischen Problem und Schwierigkeit.

Doch ich unterscheide:

a) Schwierigkeit
   Ich verstehe darunter eine Ansammlung von scheinbar unlösbaren Problemen und Schwierigkeiten, aus denen man nicht heraus zu kommen scheint (zum Beispiel Vergangenheitsbewältigung).

b) Problem
   Ich definiere den Begriff Problem ausschließlich als Entscheidungshilfe. Dies geschieht mit der Wendung „einerseits/andererseits". So lernt das Kind, sich zwischen zwei und mehr Lösungsmöglichkeiten zu entscheiden.

■ Deshalb
bedeutet bei mir Problemorientiertheit: Entscheidungshilfe. Es gibt nur eine einzige Möglichkeit, dem Rückfall in eine Du-Bo zu entgehen. Die Wendung „einerseits/andererseits". Hauptvorteil, man kann in jedem Fall positiv beginnen.

Noch ein zweites ist zu beachten: Man redet gewöhnlich nur von einem Problem, nämlich von der Spannung zwischen Eltern und Kind. In Wirklichkeit haben beide Parteien ihr eigenes Problem. Falsches Beispiel: „Einerseits weißt du ganz genau, dass du zur Schule gehen musst. Andererseits gehst du immer zu spät von zu Hause weg (kein Gegensatz, wirkt als Vorwurf).

Richtig: Problem der Mutter: „Einerseits habe ich dir die Verantwortung für das Zuspätkommen übergeben. Andererseits fällt es mir unglaublich schwer, nichts zu sagen, wenn du am Morgen nicht aus dem Bett kommst."

Richtig: Problem des Kindes: „Einerseits willst du schon pünktlich zur Schule gehen, andererseits gibt es zuhause immer noch so viel Interessantes zu tun." (kein Vorwurf)

■ Deshalb:
Es gilt, beide Problemkreise, den des Kindes und den der Eltern mit „einerseits/andererseits" herauszuschälen und einander gegenüberzustellen.

Schuld oder Gerechtigkeit

■ Gefahr:
Kinder sind sehr schnell mit Beschuldigen. Wenn zwei Kinder sich in den Haaren liegen, wird es der Mutter nicht gelingen, den Schuldigen herauszufinden, denn beide Kinder beteuern, der andere sei schuld.

Wenn sich ein Kind ungerecht behandelt fühlt, sucht es sich einen Schuldigen. Es entsteht ein „Beschuldigungszwang". Das Kind wird aggressiv. Wenn es einem Elternteil schwer fällt, mit seinem Kind „vorwurfsfrei" zu reden, dann steht unter dieser Handlungsweise vielleicht ein Schuldproblem, dann hadern Mutter oder Vater möglicherweise mit ihrem Schicksal.

■ Deshalb
gilt es, mit Schuld und Gerechtigkeit sinnvoll umzugehen. Wenn es eine Situation gibt, in der „vorwurfsfreies" Reden unabdingbar nötig ist, dann ist es in der Schuldfrage. Ein

Kind wird nur dann über seine Schuldgefühle reden, wenn es sich gerecht behandelt fühlt und absolut sicher ist, sich im Gespräch mit seinen Eltern keine Vorwürfe anhören zu müssen.

Weiterführende Literatur

Bettelheim, Bruno. Ein Leben für Kinder.
Deutsche Verlagsanstalt. Stuttgart 1989

Dreikurs, Rudolf. Eltern und Kinder – Freunde oder Feinde.
dtv/Klett-Cotta. 1986

Ehrensaft, Diane. Wenn Kinder zu sehr ...
Warum Kinder alles bekommen, aber nicht das, was sie wirklich brauchen. Klett-Cotta. Stuttgart 2000. 1997

Gordon, Thomas. Patientenkonferenz.
Verlag Hoffmann und Campe. Hamburg 1997

Liedlhoff. Auf der Suche nach dem verlorenen Glück.
Verlag C. H. Beck. München 1992

Prekop, Jirina. Der kleine Tyrann. Welchen Halt brauchen Kinder?
Kösel-Verlag. München 1988

Schulz von Thun. Miteinander reden. Störungen und Klärungen.
Rowohlt-Verlag. Reinbek bei Hamburg 1986

Zeltner, Eva. Mut zur Erziehung.
Zytglogge-Verlag. Bern 1995